LE NANTISSEMENT

APPLIQUÉ

AUX DROITS, CRÉANCES ET REPRISES DE LA FEMME

SUR LES BIENS DE SON MARI;

Par M. BENECH,

Professeur à la Faculté de Droit de Toulouse, Secrétaire perpétuel de
l'Académie de législation, Membre de la Légion-d'Honneur.

PARIS,
COTILLON, ÉDITEUR,
Rue des Grès-Sorbonne.

TOULOUSE,
LIBRAIRIE CENTRALE,
Rue Saint-Rome, 16;

1855.

LE NANTISSEMENT

APPLIQUÉ

AUX DROITS, CRÉANCES ET REPRISES DE LA FEMME
SUR LES BIENS DE SON MARI.

TOULOUSE, IMP. DE A. CHAUVIN, RUE MIREPOIX, 3.

LE
NANTISSEMENT

APPLIQUÉ

AUX DROITS, CRÉANCES ET REPRISES DE LA FEMME

SUR LES BIENS DE SON MARI.

Par M. BENECH,

Professeur à la Faculté de Droit de Toulouse, Secrétaire perpétuel de
l'Académie de législation, Membre de la Légion-d'Honneur.

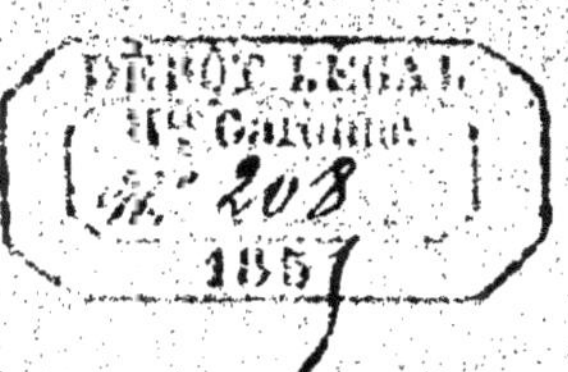

———

PARIS,	TOULOUSE,
COTILLON, ÉDITEUR,	LIBRAIRIE CENTRALE,
Rue des Grès-Sorbonne.	Rue Saint-Rome, 46.

1855.

LE NANTISSEMENT

APPLIQUÉ

AUX DROITS, CRÉANCES ET REPRISES DE LA FEMME SUR LES BIENS DE SON MARI (1).

OBSERVATIONS PRÉLIMINAIRES.

PLAN DE LA MONOGRAPHIE.

I. Il est peu de branches de notre droit qui aient soulevé plus de controverses et donné lieu à plus de difficultés théoriques et pratiques que celle de l'hypothèque légale de la femme mariée, par suite des cessions, subrogations et renonciations explicites ou implicites dont elle devient l'objet.

Lorsque fut élaboré le projet de réforme hypothécaire, qui vint avorter, en 1851, devant les événements politiques du 2 décembre, la même matière provoqua, soit de la part des Cours, soit de la part des Facultés de

(1) Cette Monographie a été communiquée à l'Académie de Législation de Toulouse dans ses séances des 31 janvier et 28 février 1855, mais en substance seulement pour la première partie.

Droit qui furent consultées, soit dans le sein de la commission, instituée par arrêté du Président de la République du 15 juin 1849, soit dans le sein du Conseil d'Etat et de l'Assemblée législative, des observations et des vues en sens divers, qui attestèrent les complications dont elle était hérissée. L'Assemblée législative adopta, lors de la seconde lecture du projet, deux innovations dont j'examinerai plus tard le caractère et l'efficacité.

II. La présente monographie a pour objet de prévenir, autant que possible, les difficultés dont je viens de parler, d'en dégager le domaine de la jurisprudence, et d'affermir ainsi le crédit privé auquel elle porte la plus rude atteinte. Ce but me paraît devoir être atteint par le bail en nantissement des créances et reprises de la femme mariée, sauvegardées par l'*hypothèque légale*.

Le principe de l'hypothèque légale de la femme mariée, indépendante de toute inscription, avait triomphé dans l'Assemblée législative de toutes les résistances qu'il avait rencontrées (1), et que le mouvement industriel et commercial de notre époque avait accumulées contre lui. Cette assemblée avait en effet, en seconde lecture, refusé de s'associer au système de l'inscription forcée qui lui avait été proposé par sa commission. Ainsi, on peut dire que l'esprit de la loi de brumaire an VII avait été vaincu en 1851 comme en 1804. Ou je me trompe fort, ou c'est là un principe définitivement acquis à nos lois.

(1) Voir, sur ce point, le résumé des travaux législatifs dans la seconde édition du *Traité des priviléges et hypothèques*, de M. Troplong. Préface, note 1 de la page XLVII.

La loi sur la transcription en matière hypothécaire, du 23 mars 1855, est venue confirmer pleinement cette conjecture par les dispositions de son art. 8. Il faut donc, quand la réforme hypothécaire paraît être ajournée indéfiniment, chercher à rendre l'application du système des hypothèques légales, indépendantes de toute inscription, aussi simple que possible dans la matière dont je vais m'occuper.

III. Je diviserai mon travail en trois parties.

Dans la première, j'exposerai les difficultés que rencontrent les moyens actuellement employés pour transférer le bénéfice de l'hypothèque légale.

Dans la seconde, j'exposerai le système que je propose d'y substituer.

Dans la troisième, je mettrai en relief les avantages de ce système comparé aux expédients qui fonctionnent aujourd'hui.

La première partie sera suivie d'un *appendice* où j'exposerai : 1° les projets de réforme provisoirement adoptés en deuxième lecture par l'Assemblée législative; 2° les modifications apportées au Code Napoléon par la loi nouvelle sur la transcription en matière hypothécaire.

Sans doute quelques auteurs, et notamment M. Mourlon (1), se sont occupés de certains effets juridiques du nantissement appliqué aux hypothèques légales; mais ils n'ont point dirigé leurs études vers le but que je me propose de signaler aujourd'hui, but qui est l'objet unique de cette composition.

______

(1) *Traité théorique et pratique des subrogations personnelles*, pag. 571 et suiv.

PREMIERE PARTIE.

IV. Les cessions, subrogations ou renonciations à l'hypothèque légale des femmes mariées, ont pour objet de favoriser le crédit du mari ou le crédit de la femme elle-même ; mais c'est le plus souvent le premier cas qui se réalise, comme de la part de la femme devenue veuve, les mêmes actes ont pour objet, ou de favoriser le crédit des enfants héritiers du mari et débiteurs en cette qualité des causes de l'hypothèque, ou de favoriser le crédit de la veuve elle-même (1).

Dans ces diverses hypothèses, examinons quelle peut être la valeur des cessions, renonciations ou subrogations.

Je les traiterai simultanément, car elles sont unies entre elles par les liens de l'affinité la plus étroite, et on apercevrait d'ailleurs aisément les différences qui pourraient influer sur les solutions dans quelques cas particuliers. Je distinguerai avec soin à cet égard les traités qui portent sur les droits, créances ou reprises, c'est-à-dire sur le principal, et ceux qui ne portent que sur l'hypothèque légale ou sur l'accessoire.

(1) Les principes dont l'exposé va suivre s'appliqueront également à la femme mariée ou à la veuve qui voudraient affecter les reprises au profit d'un étranger ; mais ce cas sera fort rare.

CHAPITRE PREMIER.

Des traités faits sur les droits, créances et reprises de la femme.

V. La femme mariée et la veuve qui veulent favoriser, la première, le crédit du mari, la seconde, le crédit des héritiers de celui-ci, l'une et l'autre, lorsqu'elles veulent favoriser leur propre crédit et qu'elles entendent s'aider dans ce but de leurs droits sur les biens du mari, procèdent par voie de cession de leurs droits et reprises, par voie de subrogation ou de renonciation à ces mêmes droits et reprises en faveur du créancier. J'examinerai successivement chacune de ces espèces de traités, ou, si l'on veut, chacune de ces formules que les notaires et les praticiens sont dans l'usage de cumuler plus d'une fois.

SECTION PREMIÈRE.

DE LA CESSION DES CRÉANCES, DROITS ET REPRISES DE LA FEMME MARIÉE.

VI. Il ne faut pas réfléchir longtemps pour reconnaître que le mot de *cession* est ici tout-à-fait impropre, car il n'y a en faveur du créancier aucune espèce de transport de la créance de la femme.

Qu'est-ce, en effet, que la cession-transport d'une créance, si ce n'est la vente de la créance elle-même (1)? Or, il n'y a vente, soit qu'il s'agisse d'une chose corporelle, soit qu'il s'agisse d'une chose incorporelle, que lorsqu'il y a concours de ces trois éléments: un objet vendu, un prix, le consentement des parties sur la chose et sur le prix. Il n'est rien de plus élémentaire que cette proposition.

Il est élémentaire également que le prix doit être certain, déterminé, sérieux, et consister en argent monnayé. Ulpien disait dans la loi 2 ff. *de contrah. empt. et vendit.* : *Emptio et venditio nulla est sine pretio;* et Cujas, expliquant toute la portée de ce fragment, écrivait : *Emptio et venditio nulla est sine conventione certi pretii, quod in pecuniâ numeratâ consistere debet* (2). Il est à remarquer que la vente n'est pas seulement *nulle* dans le sens restreint que nous donnons quelquefois à ce mot; elle est INEXISTANTE, c'est-à-dire destituée de tout principe de vie, aussi radicalement infirme que s'il y avait absence de toute convention, *umbra, corpus sine animâ,* comme disaient les anciens docteurs que cite Dumoulin (3).

Le mot NULLA du fragm. 2 *de contrah. empt. et vendit.* est synonyme du mot INFECTA qu'on lit dans la constit 21, au Code de *transactionibus.* On peut donc

(1) *Pandect. de hered. vel act. vendit.* passim, liv. XVIII, tit. IV. — Pothier, *Traité du Contrat de vente,* chap. IV, nᵒˢ 550 et suiv.

Duvergier, *de la vente,* nᵒˢ 160 et suiv. (art. 1692 et 1693 du Code Nap.). C'est en ce sens que les anciens auteurs disaient : *Cessio nominis est venditio* (Olea).

(2) Sur le titre XXXVI de Paul, *ad edictum,* édit. Fabrot, tom. V, col. 497. — *Junge Instit.,* tit. XXIII, liv. III, *ad princip.,* et Gaïus, Com. 2, § 139.

(3) Sur le titre du Code : *Plus valere quod agitur....*

dire avec le président Favre : *Usque adeo nulla est ut contractus pro infecto habeatur neque contractus nomen mereatur* (1). On peut remarquer que Cujas se sert des mêmes formules pour le cas où il y a absence d'une chose vendue ou bien absence du prix : *Emptio et venditio sine pretio non consistit* (2). *Emptio sine re non consistit* (3).

Le même jurisconsulte distinguait avec soin la vente nulle ou inexistante (*venditio nulla... venditio quæ non consistit*) de la vente simulée ou imaginaire (*emptio simulata... adumbrata* (4)), la première ne pouvant produire aucun effet, la deuxième, au contraire, étant susceptible d'en produire, en se transformant, entre personnes capables et avec les conditions requises, en un autre contrat, par exemple, en un contrat de donation. Ces doctrines ont pour elles l'autorité du droit, et sont éminemment philosophiques. L'ancienne jurisprudence les consacra, comme on le voit, dans l'ensemble du traité de Pothier, *De la Vente* (5), et elle est passée sans modifications dans le Code, comme on le constate par les dispositions des art. 1582, 1591 et 1592, analysés et combinés. *Il n'y a point de vente,....* dit ce dernier texte.

Sous le Code aussi, comme sous le droit romain et sous l'ancien droit, il faut que le prix soit stipulé en argent, qu'il soit déterminé, sérieux. Tous les auteurs

(1) Code, liv. IV, tit. XVII, défin. 1.
(2) Tom. IV, col. 421.
(3) Tom. VII, col. 709.
(4) Tom. VIII, col. 688.
(5) Nos 1er et suiv.

sont encore d'accord sur ce point. MM. Troplong (1),
Duvergier (2), Duranton (3), professent cette doctrine
comme étant incontestable.

M. Zachariæ a donc pu, résumant cette doctrine,
déclarer *inexistante* la vente, faute de ses éléments constitutifs ou substantiels dont il vient d'être parlé (4).

Or, dans la matière que j'examine, quand la femme
vient au secours de son mari, la veuve au secours des
héritiers de celui-ci ; quand l'une et l'autre donnent ,
par la cession dont il s'agit, des gages pour sûreté de leurs
obligations personnelles, il n'y a point, il ne peut point
y avoir de prix stipulé. Le traité n'a donc de cession que
le nom ; elle n'est au fond des choses qu'un *pignus*. Il
faut mettre de côté tous les principes du droit, écarter
la doctrine romaine : *plus valet quod actum est quàm
quod scriptum est*, répudier tous les principes d'interprétation déposés dans les art. 1156 et 1157 du Code
Napoléon, ou il faut arriver à cette conséquence. Notre
honorable et savant collègue, M. Bertauld, a paru
pourtant le contester quand il a écrit que, s'il y avait
combinaison de nantissement et de cession dans les cas
que j'étudie, l'élément dominant était la cession. « Les
» accords dont il s'agit, dit-il, sont des actes qui par-
» ticipent à la fois du transport et du nantissement ,
» mais dans lesquels le caractère du transport prédo-
» mine. » Et plus loin : « Si la subrogation a de la
» parenté et de la ressemblance avec le contrat de

(1) *De la vente*, tom. 1 , n° 146.
(2) Tom. I, n°° 4, 5 et 117.
(3) Tom. XVI, n°° 13 et 117.
(4) *Droit civil français*, tom. 1er, § 37.

» gage, il faut cependant reconnaître que ce qui pré-
» domine en elle, c'est la physionomie, la forme, et
» même, au fond, la nature du transport. C'est une
» sorte de transport conditionnel régi par les art. 1690
» et suivants, et non par les art. 2075 et 2076 du Code
» Napoléon (1). »

C'est, selon moi, l'idée opposée qui est seule vraie. En effet, s'il y a cession-transport au fond, voilà donc le cessionnaire devenu propriétaire définitif et irrévocable, propriétaire, quand même, de la créance nominalement cédée. Il pourra donc désormais en disposer à titre gratuit ou à titre onéreux (544), la retenir même après qu'il aurait été désintéressé par le mari ou par ses héritiers. Le mari sera donc quitte vis-à-vis de sa femme de la créance cédée, sauf l'indemnité à laquelle celle-ci aurait droit; la femme qui aura aliéné toutes ses reprises ne pourra plus les utiliser vis-à-vis de qui que ce soit, même pour la portion redevenue libre après l'acquittement de la dette pour le paiement de laquelle elles avaient été cédées. — De telles conséquences ne sont évidemment pas acceptables; c'est donc avec raison que les auteurs, et plus particulièrement MM. Mourlon (2) et Gauthier (3), allant au fond des choses, n'ont vu qu'un cautionnement ou nantissement tacite dans les cessions dont il s'agit, et il faut donner une pleine adhésion aux arrêts des Cours qui ont consacré cette opinion, et en ne s'arrêtant pas aux faus-

<hr>

(1) *Traité de la subrogation*, pag. 9, n° 6, et pag. 133, n° 61.

(2) *Traité théorique et pratique des subrogations personnelles*, pag. 183.

(3) *Traité de la subrogation des personnes*, pag. 611, n° 178.

ses qualifications données par les parties, et notamment aux arrêts des Cours de Limoges et de Lyon. « Il n'y a point de transport de propriété sans prix, » disait la première de ces Cours (1); « il ne peut y avoir de vente, puisqu'il n'y a pas de prix, » disait la seconde (2).

VII. Quand la femme voudra faire une véritable cession-transport de ses droits, créances ou reprises aliénables, elle le pourra comme tout autre créancier; mais alors elle stipulera un prix, elle réglera toutes les conditions du contrat commutatif; alors les dispositions des art. 1689 et suivants deviendront applicables (3); mais elles ne sauraient l'être dans les cas qui nous occupent, sans faire violence à l'intention des parties et à la plus élémentaire de toutes les règles d'interprétation (1156).

Et qu'on ne dise pas que le prix de la cession est dans l'avantage que la femme ou la famille retirent du traité fait avec le mari, qui y trouve un moyen de crédit. Cette objection tomberait évidemment devant les précisions qui précèdent sur les qualités que doit avoir le prix. Une pareille considération est déterminante pour motiver un contrat de gage ou de nantissement; elle est tout-à-fait impuissante pour motiver une vente. Concluons donc que la cession est inexistante par application des art. 1582, 1591, 1592, 1692 et 1693 du Code Napoléon, analysés et combinés.

VIII. Je ne me suis occupé que de l'absence d'un

----

(1) 14 juin 1844. Devilleneuve, 1845, II, pag. 835.

(2) 3 janvier 1839. Devilleneuve, 1839, II, pag. 837.

(3) Arrêt inédit de la Cour impériale de Toulouse, du 29 juillet 1854; deuxième chambre civile, en la cause des créanciers du sieur Martin de Lagarrière.

prix, pour en conclure qu'il n'y a pas de cession-transport proprement dite.

Sans doute, indépendamment de cette condition, il pourrait y avoir cession et aliénation de la créance, si la femme la cédait pour tout autre motif constitua t ce que les Romains appelaient une *justa causa*, c'est-à-dire des causes indiquant l'intention de transférer la propriété, comme, par exemple, une donation, un échange, une constitution de dot; mais il est manifeste qu'il y a absence de toutes ces *justes causes*. Donc, je puis conclure de plus fort qu'il n'y a pas de cession ; car un des hommes les plus compétents en cette matière, Olea, disait très-bien dans son traité *de Cessione jurium et actionum* : *Cessio fit quando actio vel nomen debitoris venditur et ceditur, vel ex* ALIA JUSTA CAUSA, *veluti donationis, transfertur* (1). Et en continuant à m'aider de la doctrine de ce jurisconsulte espagnol, je puis avec lui tirer cette conséquence sur l'inexistence de la cession : *Cessio jurium simulata nulla est, cùm sit velut umbra et corpus sine animâ, neque juramento confirmatur* (2).

Avant d'examiner dans tous les détails les moyens que l'on propose pour faire valoir cette cession comme gage virtuel, parlons de l'expédient des subrogations et des renonciations.

(1) Tit. I, quest. 3, n⁰ 4. — Jacobus de Arena, dans son *Solemnis ac perutilis tractatus de cess. actionum*, disait dans le même sens : *Sciendum est quod cessio actionis fieri possit* QUOCUMQUE TITULO VERO, *id est ex quo dominium transferri possit (qualiter fiat cessio)*. — *Rubric.*, II, n⁰ 3. — Cette doctrine a évidemment pour fondement inébranlable le fragment 31 de Paul, *ad princip. de acquir. rer. domin.* et le § 40 *Instit. de Rer. divis.*

(2) *Ibid.* tit. VIII, quest. 1. — Il cite une foule d'autorités en ce sens.

SECTION II.

DE LA SUBROGATION AUX DROITS ET REPRISES DE LA FEMME.

IX. Ce qui vient d'être dit de la cession s'applique également à la subrogation, aux reprises et créances de la femme mariée ou de la veuve, et cela par cette raison décisive que le mot de *subrogation* ne peut être ici que synonyme de *cession*.

En effet, la subrogation vraie, la subrogation normale, la subrogation proprement dite, implique toujours un *paiement*. Elle est une conséquence juridique et l'accessoire de l'extinction d'une créance, *potiùs distractus quàm contractus*, disaient les anciens auteurs (1). Aussi ces mêmes auteurs, par exemple Dumoulin (2), Renusson, dans son traité spécial sur cette matière (3), Pothier (4), Pocquet de Livonière (5), Prevot de la Jannès (6), ne séparaient jamais la subrogation de l'idée d'un paiement accompli; et il ne pouvait en être autrement, puisque l'ancien droit avait emprunté les théories de la subrogation aux principes formulés dans le titre du Code de Justinien : *de his qui in priorum creditorum locum succedunt* (7). Le Code Napo-

(1) Notamment Renusson, chap. II, n° 22.
(2) *De usuris*, n° 276.
(3) Chap. 1er, n° 10.
(4) Introduct. à la cout. d'Orléans, tit. XX, n° 66.
(5) *Règles du droit français*, chap. *des subrogations*.
(6) Tom. II, pag. 415, n° 6.
(7) Liv. VIII, tit. XIX.

léon a consacré à son tour ces règles dans le § 2 de la section 1re, chap. V, tit. III du liv. 3, *du paiement avec subrogation*. C'est donc avec raison que la Cour de Caen a écarté nettement cette idée de subrogation dans la matière que j'étudie. « Considérant, a-t-elle dit, qu'il
» ne peut s'agir ici d'une subrogation proprement dite
» dans l'hypothèque légale des enfants Lepetit au pro-
» fit des époux Tetrel, *puisque ceux-ci n'ont point payé*
» *la créance* dont cette hypothèque était l'accessoire, et
» que, par suite, ils ne se trouvent dans aucun des cas
» prévus par les art. 1249 et suivants du Code ci-
» vil, etc., etc. (1). »

Il faut même remarquer que, d'après la maxime déjà citée, *plus valet quod actum est quàm quod scriptum*, il ne suffirait pas, en matière de subrogation conventionnelle, réglée par l'art. 1250 du Code Napoléon, qu'il y eût un paiement effectué, pour qu'on appliquât les règles de la subrogation, distinctes, sous plusieurs rapports, de celles de la cession-transport. Pour qu'il y ait subrogation, il faut que l'intention principale des parties ait été d'acquitter cette dette, et, en l'acquittant, d'améliorer la condition du débiteur. Que si l'intention des parties n'a été que de traiter sur une transmission de créance; si, selon l'expression de Renusson, un vérita-

(1) Arrêt du 2 mai 1835, rapporté par M. Bertauld, *dicto loco*, pag. 37 et suiv. — On trouve des considérants analogues dans l'arrêt de la Cour de Toulouse, cité ci-dessus, note 3 de la page 14. L'art. 126 de la proposition de M. Pougeard (de la Charente), qui a joué un rôle important dans les travaux préparatoires de la réforme hypothécaire, s'appliquait à un cas de véritable subrogation à l'hypothèque légale. — Voir un autre cas de cette subrogation dans le R. P. de Dalloz, 1855, I, 33. — Arrêt du 18 décembre 1854.

ble négoce s'est fait entre le créancier et le tiers qui l'a subrogé, le traité, dans lequel l'intérêt du débiteur, loin d'être dominant, est resté étranger, sera considéré comme une véritable cession, et le prétendu subrogeant sera soumis à la garantie de droit, décrétée par l'art. 1693 du Code Napoléon (1). C'est ce que la chambre civile de la Cour de cassation a jugé par un arrêt du 4 février 1846, et la Cour de Montpellier, saisie du renvoi, s'est conformée à ces principes (2). Il faut adhérer à ces doctrines ou admettre qu'il sera bien facile au cédant de se soustraire à la garantie réglée par l'art. 1693 ; il suffira de qualifier la vente de la créance du nom de subrogation.

Or, dans l'espèce, il n'y a point de paiement effectué ; il n'y a donc point de subrogation proprement dite, cette subrogation étant de droit étroit. Le mot de subrogation ne peut donc être employé en cette matière que *latissimo sensu*, comme emportant avec lui l'idée de substitution d'une personne à une autre, c'est-à-dire dans le sens que lui donnaient Domat (3), Renusson (4), Prevot de la Jannès (5), Soulatges (6), et alors elle ne peut être que synonyme de cession (7). Par suite des

---

(1) Ce prétendu subrogeant ne serait certainement pas admis à se prévaloir du principe posé par l'art. 1252 du Code Nap.

(2) *Journal du Palais*, 1848, tom. I, pag. 489 et 491. — *Confér.*, M. Gauthier, *dicto loco*, pag. 88 et suiv., et nᵒˢ 7, 34, 81 et 601.

(3) *Lois civiles*, liv. III, tit. II et VII.

(4) *Dicto loco*, chap. I, nᵒ 5.

(5) *Dicto loco*.

(6) *Traité des hypothèques*, pag. 188.

(7) *Vid. infrà* à la fin de la section suivante les diverses rédactions de textes qui y sont cités dans ce sens. *Junge* l'art. 8 de la loi belge du 16 décembre 1851 sur la réforme hypothécaire, et le savant commen-

observations qui ont été faites plus haut, cette subrogation, en l'absence de toute *justa causa*, est inexistante comme la cession elle-même, à moins que les
clauses de l'acte n'autorisent à voir dans la renonciation aux reprises une simple cession d'antériorité du
droit d'hypothèque.

SECTION III.

DE LA RENONCIATION DE LA FEMME A SES REPRISES EN FAVEUR D'UN TIERS.

X. La renonciation dont il s'agit étant faite, non pas
d'une manière absolue, *in rem*, mais bien d'une manière relative, en faveur d'une personne certaine et dé-
terminée, c'est-à-dire en faveur d'un créancier donné,
in favorem certæ personæ, ne peut être considérée que
comme translative des droits de la femme. On sait les
difficultés, je pourrais presque dire les subtilités, qui
ont été agitées, surtout par les jurisconsultes italiens, à
l'égard de la différence à faire entre les renonciations
purement abdicatives ou extinctives et les renonciations
translatives. M. Troplong est un de ceux qui ont en-
seigné avec le plus de fermeté, en réfutant quelques
idées inexactes de M. Proudhon, que les renonciations
faites dans ces conditions ne peuvent être que translatives (1). M. Bertauld s'est récemment rangé à cette

taire de M. Martou, avocat à la Cour d'appel de Bruxelles, membre
correspondant de l'Académie de législation de Toulouse (tom. I,
n° 174).

(1) *Privilég. et hypoth.*, tom. II, n° 600. (Je cite toujours d'après la
2ᵉ édition.)

doctrine (1); car il déclare d'une manière positive que, pour lui, la renonciation *in favorem* est une cession des reprises de la femme renonçante. A M. Mourlon (2) qui la combat on peut opposer M. Cubain (3). Cette opinion, consacrée par notre jurisprudence (4), me paraît fondée sur les motifs les plus juridiques. En matière de renonciation, il faut distinguer : s'il s'agit d'une renonciation faite en faveur d'une personne ayant un droit éventuellement préexistant sur une chose indivise, la renonciation, quand elle émane de l'un des consorts qui n'avait pas appréhendé le droit qui lui était dévolu, ne transmet rien de la part du renonçant au bénéficiaire de la répudiation, qui tient alors tout de la loi et de la nature de son titre (Code Napoléon, art. 785 et 786). Mais dans les autres cas, par exemple si le bénéficiaire de la renonciation n'a pas de droit préexistant, la renonciation émanée de la part d'une personne qui est saisie définitivement d'un droit ne peut être, d'après la nature des choses, que translative (arg. de l'art. 780 du Code Napoléon (5). Cette doctrine, que le langage reçu en matière de résignation des bénéfices ecclésiastiques et d'offices laïques concourut beaucoup à répandre dans le droit civil, est d'ailleurs fondée sur des textes de lois romaines, et notamment sur la constitution *si actionem*, 24, *de pactis*. Enfin, elle est con-

(1) *Dicto loco*, pag. 67.
(2) *Dicto loco*, pag. 599 et 600.
(3) *Des droits des femmes*, n° 560.
(4) Voir les nombreux arrêts cités par M. Mourlon lui-même, *dicto loco*, pag. 599, note 2.
(5) *Vide* M. Zachariæ, *Droit civil théorique français*, II, § 324. *De la renonciation en général*, pag. 398 et suiv.

forme à l'intention des parties, à cause du but qu'elles se proposent, qui ne pourrait pas être atteint assurément par une renonciation purement abdicative. Or, au milieu des controverses sans fin qu'avait suscitées chez les anciens auteurs la matière des renonciations, on voit pourtant qu'ils s'accordaient à admettre la règle suivante qui était fort logique : *Quotiens actus qui per viam simplicis renuntiationis geritur, talis est ut ex eo contrahentes finem suum non consequerentur, nisi renuntiatio simul translativa juris esset, renuntiatio pro cessione habetur* (1).

XI. Par application de ces théories, il faut admettre que les précisions qui précèdent sur les cessions et subrogations doivent s'appliquer également aux renonciations *in favorem*. Aussi remarque-t-on que dans tous les documents relatifs aux travaux préparatoires de la réforme sur les priviléges et hypothèques, ces trois formules étaient considérées comme ayant la même nature, comme étant destinées à produire les mêmes effets. Lisez les observations des Cours et des Facultés de droit (2), le rapport de M. Persil au nom de la commission instituée par le Président de la République, celui de M. Vatimesnil au nom de la commission de l'Assemblée législative, enfin celui de M. Bethmont au nom de la commission du Conseil d'Etat, et vous n'y trouverez aucune différence sensible. C'est ce qui explique

(1) Olea, *de cess. jur.*, tit. I, quest II, n° 8. *Vid.* aussi C.-A. Deluca, *spicilegium cession. juris.* quest. XII.

(2) *Documents relatifs au régime hypothécaire*, publiés par ordre de M. Martin du Nord, garde-des-sceaux. — Paris, imprimerie royale, 1844, tom. II, pag. 131-474.

comment ces formules se trouvaient régies par les mêmes principes, groupées dans les mêmes textes, c'est-à-dire dans l'art. 2127 du projet du gouvernement présenté par M. Rouher, garde-des-sceaux, ministre de la justice, à l'Assemblée législative, le 4 avril 1850; dans l'art. 2115 du projet de la commission de cette assemblée; dans l'art. 2130 du projet du Conseil d'Etat; enfin, dans l'art. 2148 de la nouvelle rédaction de la commission pour la troisième lecture. On peut faire la même observation au sujet de l'art. 9 de la loi du 23 mars 1855 sur la transcription en matière hypothécaire.

XII. Il faut conclure de ce qui précède que les créanciers qui ont accepté les cessions, subrogations ou renonciations dont nous venons de parler, ne sont pas investis de la propriété des créances, droits et reprises de la femme dont ils n'ont pas soldé le prix, et que le propriétaire n'a pas eu l'intention d'aliéner à tout autre titre gratuit ou onéreux. Ils ont en général la conscience de cette situation, et, comprenant qu'ils ne pouvaient soutenir les actes souscrits en leur faveur comme translatifs de propriété, ils en ont soutenu l'efficacité comme leur conférant un droit de privilége attaché à un gage tacite. Mais cette prétention soulève une grave question dont, selon moi, la solution doit tourner contre eux, en admettant même que l'acte dont il s'agit ne fût pas inexistant et qu'il fût susceptible de se transformer en un acte d'une nature différente.

XIII. Le point de départ, en cette matière, est bien simple : c'est que les priviléges sont *strictissimi juris*, et que dès-lors on ne peut les admettre que dans les cas et selon les conditions rigoureusement prévues par les lois, ou, en d'autres termes, qu'il faut leur appliquer *à fortiori* ce que l'art. 2115 du Code Napoléon dit de l'hypothèque, qu'elle *n'existe que dans les cas et selon les formes autorisées par la loi.*

Or, les art. 2074, 2075 et 2076 du Code ont déterminé les conditions sous lesquelles le privilége résultant du nantissement peut être exercé en matière de meubles incorporels, tels qu'une créance mobilière. Il faut : 1° la rédaction d'un acte écrit, enregistré et signifié au débiteur; 2° la mise effective en possession du gage par la remise du titre et la conservation de cette possession. Telles sont les conditions sévères auxquelles se trouve subordonné le privilége du créancier gagiste, privilége auquel se réfère l'art. 2102, § 2, du Code Napoléon.

La rédaction des art. 2074, 2075 et 2076, non moins significative que celle des art. 8 et 9 du titre VI de l'ordonnance de 1673, ne laisse pas place au moindre doute. Ce privilége, dit l'art. 2074, *n'a lieu qu'autant que....* etc.; et l'art. 2075 : Le privilége énoncé en l'article précédent *ne s'établit que....* etc.; enfin, l'art. 2076 : Dans tous les cas, le privilége *ne subsiste qu'autant que....* etc. Jamais l'ensemble de la rédaction ne fut plus significatif.

De ces textes et de ces principes, je conclus donc en toute sûreté que les cession, subrogation et renonciation nulles, comme telles, ne peuvent pas valoir comme conférant un droit de gage, en l'absence des formalités constitutives dont il vient d'être parlé.

Ce raisonnement n'est qu'un syllogisme basé sur la lettre même de la loi. Il devrait donc, ce semble, être réputé invincible, d'autant que si le nantissement est du droit des gens en ce qui touche les rapports du constituant et du créancier, il est du droit civil et du droit civil formaliste en ce qui touche les effets qu'il produit vis-à-vis les tiers.

Si les formalités conservatrices des privilèges sont rigoureusement exigées, sous peine pour le privilège de perdre, tantôt le droit de suite (Code de procédure, art. 834), tantôt de subir la déchéance du droit de préférence (Code Napoléon, art. 2113), que ne faut-il pas penser des formalités créatrices et constitutives du privilège lui-même? Ajoutons que le privilège attaché au nantissement est le seul qui ne soit pas attaché à la qualité de la créance (1) ; qu'il est tout entier subordonné aux conditions prescrites, et que c'est le cas de dire *forma dat esse rei*. C'est précisément parce que, contrairement à la nature du privilège (2095), il n'est pas attaché par la loi à certains ordres de créances et qu'il peut, par l'effet des conventions, être attaché à toute sorte de créances indistinctement (2071), qu'il faut se montrer plus rigoureux dans l'accomplissement de toutes ces formalités.

Cependant, le système de l'impignoration tacite a des partisans qui jouissent de la plus grande autorité ; car on voit que M. Troplong, par exemple, l'a admis en son commentaire du *titre du nantissement* (2), tout en reconnaissant pourtant que ce point est contesté par beaucoup de bons esprits. Combattue

(1) *Vid.* le *Répert. de législation, de doctrine et de jurisprudence* de M. Dalloz, nouvelle édition, v° *Nantissement*, n° 209.
(2) N° 201.

par M. Mourlon (1), cette théorie a été adoptée par M. Gauthier (2).

Un aperçu de l'histoire du droit m'a paru susceptible de jeter un vive lumière sur cette controverse.

Dans le droit romain, le gage, qui est un des contrats *re perfecti* (3), n'exige, pour être parfait, que la tradition de la chose. Aucun texte n'exige la déclaration constitutive d'un gage analogue à celle qu'exige l'art. 2075 du Code Napoléon. On comprend dès-lors que, par application de la maxime : *plus valet quod agitur, quàm quod simulatè concipitur*, on décidât que la vente nulle, comme telle, pouvait produire ses effets comme contrat de gage. C'est ce que consacraient littéralement les empereurs Dioclétien et Maximien dans la const. 3 du titre qui vient d'être cité : *Emptione pignoris causâ factâ, non quod scriptum, sed quod gestum est, inspicitur.*

Dans l'ancien droit, les mêmes principes prévalurent jusqu'à la fin du seizième siècle; mais l'expérience prouva que cette simplicité favorisait des fraudes.

Le 26 novembre 1599, un premier arrêt de la chambre de l'édit du Parlement de Paris, confirmé bientôt par d'autres arrêts du Parlement, tous rapportés par Brodeau (4), exigèrent la rédaction d'un acte écrit pour la validité du gage. Ces fraudes, étant à la fois plus dangereuses et plus nombreuses lorsqu'elles étaient

(1) Pag. 595.

(2) N° 578.

(3) Gaïus, lol, 238, *ff. de verb. signif. — Justinian. institut.*, liv. III, tit. XIV, § 4 et liv. IV, tit. VI, § 7.

(4) *Coutume de Paris*, pag. 452 ; vid. aussi Ferrière en son commentaire de l'art. 181 de la même coutume.

— 28 —

commises par des négociants à la veille de faire faillite, l'ordonnance de 1673 sur le commerce exigea (art 8 et 9, tit. VI), pour que le nantissement pût être opposé utilement aux créanciers en cas de faillite, la rédaction d'un acte notarié.

Ce que je viens de dire s'appliquait, dans notre ancien droit, au gage des choses incorporelles.

Leur impignoration, quoique autorisée par le droit romain (1), ne fut pas admise, du moins généralement, par notre jurisprudence, avant le dix-huitième siècle. Ainsi, par exemple, Despeisses enseignait qu'on ne pouvait pas les soumettre au nantissement (2). Pothier lui-même avait déjà écrit, dans son *Traité du Nantissement*, une formule semblable, et ce ne fut qu'après l'impression de son traité qu'il eut connaissance d'un arrêt de la Cour des Aides du 18 mars 1709, qui avait autorisé le nantissement sur des dettes actives (3).

Il indique la forme en laquelle l'arrêt voulait que le nantissement fût fait : transport par acte devant notaire, à titre de nantissement desdites dettes ; remise des titres au créancier nanti ; signification du transport au débiteur desdites dettes.

Dans la pratique, on s'était relâché, du moins pour le gage des choses corporelles, de l'observation rigoureuse de ces formalités, ainsi que l'atteste Bour-

(1) Frag. 20 *de pignor. et hypoth.* — *Vid. le Traité du droit de gage et d'hypothèque de Schilling*, traduit par M. Pellat, pag. 15.

(2) Tom. 1, pag. 139.

(3) De l'édition Dupin, tom. VIII, pag. 606, *du Nantissement*. On trouve pourtant dans Brillon et dans Rousseaud de Lacombe, v° *gages* des arrêts du dix-septième siècle admettant *le gage des créances*.

jon (1). D'un autre côté, il était des pays où l'on n'admettait pas d'une manière absolue le privilége des créanciers gagistes, ce qui se vérifiait, par exemple, dans le ressort du Parlement de Toulouse. Serres (2) et Soulatges (3) en font foi.

En présence de cette jurisprudence relâchée, ou soumise, comme la plupart des branches de l'ancien droit, à des diversités ou des inégalités de pratique, le Code Napoléon a édicté des règles précises et absolues. C'est ce que faisait remarquer le conseiller d'Etat Berlier, dans son exposé des motifs du titre du *nantissement.* « En circonscrivant comme nous le devons, dit-il, le » contrat de nantissement dans ses véritables limites, » et en le coordonnant avec nos institutions nouvelles, » cette matière acquerra *beaucoup de simplicité* (4). » N'est-ce donc pas se soustraire manifestement à l'autorité de l'esprit, comme à l'autorité du texte, que d'admettre un privilége en dehors de cette législation si simple, qui a eu pour objet de faire cesser les relâchements qui s'étaient introduits à l'époque du Code, relâchements essentiellement funestes aux créanciers de bonne foi (5)?

Sur quels arguments peut donc s'étayer la doctrine contraire?

Le voici. On argumente de la jurisprudence qui s'est

(1) *Droit commun de la France*, tom. II, pag. 563. *Junge* les autres autorités citées par M. Dalloz, *du Nantissement*, n° 28.

(2) Sur le § 4 du tit. XIV, liv. III des *Instit.* quib. mod. re contrah. obligatio.

(3) *Traité des hypothèques*, chap. III, pag. 92.

(4) Fenet, tom. XV, pag. 201.

(5) M. Dalloz, n° 73.

formée en faveur de la validité des libéralités déguisées sous la forme d'un contrat à titre onéreux. On dit : le texte de l'art. 931 du Code Napoléon exige l'authenticité pour la validité des donations entre-vifs; cependant, on est généralement d'accord de faire produire leur effet à des libéralités faites en la forme, par exemple, d'un acte de vente sous seing-privé. Pourquoi donc ne ferait-on pas produire à une cession ou à une subrogation nulle, comme telle, les effets d'un contrat de gage?

A cette argumentation, je fais la réponse suivante :

1° La jurisprudence dont il s'agit est contestée par des esprits très sérieux (1), pour qui elle est une violation flagrante des art. 931, 1516, 1525, § 2, 1973, § 2, et 1339 du Cod. Nap., analysés et combinés; de l'art. 2 de la loi du 21 juin 1843 sur la forme des actes notariés; et de la maxime élémentaire, qu'on ne peut pas faire d'une manière indirecte ce qu'on ne pourrait faire directement. Or, il a été toujours admis en théorie, que c'était chose aventureuse de prendre pour point de départ d'une doctrine une jurisprudence qui rencontre de sérieuses oppositions.

2° Quand il s'agit de libéralités déguisées sous la forme de contrats à titre onéreux, on se trouve toujours placé dans l'ordre d'opérations que les parties

---

(1) Notamment par MM. Delvincourt et Duvergier. *Vide* aussi dans le *Recueil de l'Académie de législation de Toulouse* (1855, 1re livraison, 6 et suiv.), un savant travail de M. G. Demante sur cette question. Les bases de la jurisprudence en vigueur y sont très-fortement combattues. Le grand argument en faveur de l'opinion courante est que l'art. 931, Code Nap , n'est fait que pour les *donations expresses*, ce qui n'est, selon moi, qu'une pétition de principe.

contractantes ont voulu faire, c'est-à-dire dans l'ordre d'un transport de propriété. Ainsi, l'intention des parties était de transférer la propriété à titre gratuit ; pour arriver à ce but, on a eu recours à un moyen translatif en apparence à titre onéreux. Ici, au contraire, il s'agit d'opérations d'une nature différente. On voulait conférer en réalité un privilége, et, au lieu de cela, on a procédé par voie d'aliénation.

Et qu'on ne dise pas qu'il y a des raisons à *fortiori* pour valider le contrat comme nantissement ; car, je répliquerais avec la Cour de Paris, « que c'est préci-
» sément parce que le simple nantissement, ne dessai-
» sissant pas de la propriété, est plus susceptible par
» sa facilité de favoriser la fraude et les abus, qu'il
» a dû par conséquent être soumis à des règles plus
» rigoureuses que celles de l'aliénation (1). »

Dans tout le corps du droit civil, il y a une ligne de démarcation très-visiblement tracée entre l'acquisition de la propriété et l'acquisition ou la constitution d'un simple droit de gage; admettre la doctrine de l'impignoration tacite, c'est supprimer complétement cette ligne de démarcation.

3° L'acte à titre onéreux, qui est validé par la jurisprudence comme donation, est du moins valable en sa forme ; il est revêtu de toutes les conditions organiques des actes de son espèce. Ici, au contraire, les actes dont il s'agit sont destitués, comme on l'a vu, de leur constitution organique, à cause de l'absence d'un prix; là donc il y a simplement simulation; ici, il y a inexistence.

(1) Arrêt du 21 juin 1842. — Devilleneuve, 1843, II, 123.

Cette question étant du plus haut intérêt, on me permettra de donner quelques développements à l'argumentation qui précède.

Qu'exige-t-on pour la validité d'une cession, même à l'égard des tiers ? La notification au débiteur cédé, ou bien l'acceptation de la part de ce débiteur (art. 1689-1690). Mais la remise d'une grosse du titre de la créance cédée n'est pas considérée comme une condition indispensable de la saisine du cessionnaire (1).

Quand il s'agit de la constitution du gage, au contraire, la loi exige, *indépendamment* de la notification au débiteur cédé ou de son acceptation, non-seulement la remise de la grosse du titre, mais encore la conservation de cette grosse entre les mains du créancier (2076-2102, n° 2); et cela par des motifs qui seront développés plus tard, c'est-à-dire dans *notre deuxième partie*. Donc, on ne peut conclure de la validité de la cession à la validité du gage. La cession et le nantissement se touchent, sans doute, par de nombreuses affinités, mais ils se trouvent aussi distincts l'un de l'autre par plus d'un côté (2).

Le droit romain autorisait, il est vrai, à trouver un contrat de gage dans un contrat de vente simulé; mais remarquons bien que, dans le cas de la vente mentionnée en la constitution 3, au Code, *plus valet quod agitur quàm quod scriptum est*, constitution sur laquelle était basée cette doctrine, il y avait eu : 1° un prix sti-

---

(1) *Voir* notamment M. Duvergier, *de la vente*, n° 179; M. Mourlon, pag. 519; M. Bertauld, n° 60. — Ce point de droit a été considéré comme constant dans tous les travaux sur la réforme hypothécaire.

(2) Ce principe sera développé dans la deuxième partie. Voir le *Répertoire de M. Dalloz*, dic. loc., n° 112.

pulé (1); 2° tradition de la chose en faveur de l'acheteur (2); car sans cette tradition, ce prétendu acheteur, réduit à l'*actio in personam*, c'est-à-dire à l'*actio ex empto*, n'aurait pu avoir un droit de gage qui était, comme on l'a dit, un contrat réel.

Admettre donc un droit de gage implicite sans une tradition corporelle quand la chose en est susceptible, sans une quasi-tradition quand il s'agit de choses incorporelles, c'est dépouiller le droit de gage de sa nature propre; ce n'est pas seulement ne pas tenir compte dans notre droit des conditions particulières que, d'accord avec l'ancienne jurisprudence, il a ajoutées à celles du droit romain, c'est-à-dire de la nécessité d'un acte écrit déclaratif du gage, mais c'est l'affranchir encore de tout ce que le droit romain lui-même exigeait pour sa validité, c'est-à-dire de ce qui a toujours été de *l'essence* du gage (3), de la possession, ou de la quasi-possession du créancier gagiste, condition qui, comme on sait, l'a toujours distingué de l'hypothèque (4).

---

(1) Les jurisconsultes romains, même dans les procédés simplement artificiels, où la vente n'intervenait manifestement que pour la forme, exigeaient l'intervention d'un prix (Gaïus, I, 119; II, 252).

(2) La constit. 9, au Code, *de contrah. empt. et vendit.*, analogue à la const. 3, *plus valere quod actum est*, etc., le dit expressément.

(3) M. Berlier, *Exposé des motifs déjà cités*, d'après Pothier, *du Nantissement*, n° 8.

(4) Ulpien, l. 9, § 2, *de pignerat. act. vel. contrà.* — *Inst.*, liv. IV, tom. VI, § 7.

Dans l'ancien droit, le contrat pignoratif était toléré là où le prêt à intérêt était permis; mais dans la vente nominale qui contenait ce contrat, il y avait un prix, quoique simulé ou *entaché de vileté*.

Vid. Merlin, *Répert.*, v° *Contrat pignoratif*; et Soulatges, *des hypothèques*, chap. III; M. Troplong, *du Nantissement*, n° 803 et suiv.

Si la doctrine contraire triomphe, elle ne manquera pas de s'étendre aux autres espèces de gages, par exemple à l'antichrèse, et le créancier demandera à se prévaloir d'une antichrèse tacite indépendamment de toute possession de l'immeuble qu'il alléguera lui avoir été baillé à ce titre.

Il est très-aisé de prévoir comment les choses se passeront. L'emprunteur fera au prêteur une vente au pacte de réméré. Les créanciers soutiendront que la vente est nulle pour cause de simulation ; le prêteur se retranchera alors derrière un prétendu droit d'antichrèse ; on lui opposera que cette espèce de gage n'est pas valable sans la possession de l'immeuble (1). Le créancier répliquera que sous le Code Napoléon la vente est parfaite et la propriété transférée à l'acheteur, sans qu'il soit besoin de tradition (Code Nap., art. 711-1138 et 1583). Cette prétention s'est produite récemment devant la Cour impériale de Caen, mais c'est à bon droit qu'elle a été proscrite par un arrêt du 31 janvier 1851 (2).

XIV. En résumé, les parties n'ont pas entendu faire ni une cession ni une subrogation ; on ne peut donc admettre l'acte comme tel sans aller contre leurs intentions formelles (1156). En second lieu, l'acte est inexistant faute de stipulation de prix, et en raison de l'absence de toute autre *justa causa ;* il ne peut donc pas se transformer en un droit de gage ; le néant ne se transforme pas.

(1) M. Troplong, *du Nantissement*, n⁰ˢ 25, 516 et 524.

(2) Dalloz, *Recueil périodique*, 1853, deuxième partie, pag. 102. — Il est aussi cité dans le répertoire de M. Dalloz, v⁰ *Nantissement*, n⁰ 316, de la nouvelle édition.

3° Fût-il susceptible de transformation, l'acte ne saurait valoir comme gage ; les formalités spéciales et constitutives de ce droit n'ayant pas été accomplies.

Les tribunaux doivent d'autant plus faire respecter les principes spéciaux au droit du gage, que les parties sont plus naturellement portées à masquer leurs traités sous des simulations qui, comme le disait très-bien le président Favre, ne sont jamais exemptes d'un certain dol.

Il ne faut donc pas s'étonner que la doctrine contraire, qui est une fraude à la loi, ait été plus d'une fois proscrite. On peut notamment citer en ce sens trois arrêts : le premier, de la Cour de Caen, du 2 mai 1835 (1) ; le deuxième, de la Cour de Lyon, du 31 janvier 1839 (2) ; et le troisième, de la Cour de Paris, du 21 juillet 1842 (3). Les arrêtistes semblent indiquer comme étant en sens contraire deux arrêts de la Cour de cassation, l'un du 28 juillet 1844 (4), l'autre du 13 janvier 1845 (5) ; mais en lisant les faits qui les ont provoqués, on reconnaît bien vite qu'ils sont loin d'avoir la portée qu'on paraît leur attribuer, et le premier est au contraire beaucoup plus favorable qu'opposé au système de la nullité des impignorations tacites. Dans l'espèce de cet arrêt il y avait eu deux traités entre les parties : l'un du 28 octobre 1838, par lequel le débiteur s'obligeait à donner en nantis-

(1) Cité par M. Bertauld, *dicto loco*, pag. 136, *Junge* l'arrêt de la même Cour du 31 janvier 1831, ci-dessus cité, pag. 32.

(2) Devilleneuve, 1839, II, pag. 537. M. Dalloz, n° 106.

(3) Arrêt déjà cité, *vid. suprà*, note de la pag. 29.

(4) Devilleneuve, 1844, I, pag. 839.

(5) *Ibid.* 1845, I, pag. 319.

sement le quart de la propriété d'un navire ; l'autre
du lendemain , authentique et enregistré, contenant la
vente d'un navire. La Cour d'Aix ne vit dans les deux
pactes du 28 et du 29 octobre qu'une seule et même opération, et en conséquence elle valida le nantissement (1).
Un pourvoi fut formé contre cet arrêt ; la Cour de
cassation le rejeta par les motifs suivants : « Attendu
» qu'en ne voyant qu'une seule convention dans les
» deux actes soumis à son interprétation, et en jugeant
» que cette convention était un prêt sur nantissement
» revêtu de toutes les formalités exigées par la loi pour
» être valable , l'arrêt attaqué n'a fait qu'user du
» pouvoir discrétionnaire qui lui appartenait pour l'ap-
» préciation des faits et actes de la cause, la Cour
» rejette. » Ce n'était donc que parce qu'il y avait
unité dans les deux actes, que l'arrêt de la Cour d'Aix
fut confirmé; et dans la fusion de ces deux actes, ce
n'était pas la cession qui absorbait le nantissement,
mais bien le nantissement qui absorbait la cession,
puisque la cession n'était qu'un mode d'opérer le nantissement promis d'une manière *formelle et explicite* (2).
Dans l'espèce du second arrêt, la question dont il s'a-
git n'avait pas été soumise à la Cour suprème. De quoi
s'agissait-il en effet? le cas était des plus simples. Une
cession de créance avait été faite dans le but de la donner en nantissement; elle ne fut point notifiée au débiteur. Seconde cession en faveur d'un tiers qui , mieux

(1) Arrêt du 21 juillet 1842; Devilleneuve, 1842, II, pag. 199.
(2) On explique de la même manière la portée d'un arrêt de la Cour
Impériale de Limoges du 14 juin 1844. Devilleneuve , 1845, II,
pag. 835.

avisé, s'empressa de la faire notifier. Conflit entre les deux cessionnaires ; et sur ce conflit, jugement en dernier ressort du tribunal de Nantes, qui maintient les droits du premier cessionnaire se disant créancier gagiste. Cette décision était une violation flagrante des art. 1141 et 1690 du Cod. Nap. Aussi, la Cour suprême en prononça-t-elle l'annulation. Mais le second cessionnaire n'invoquait pas la simulation de la cession, et il n'avait pas intérêt à l'invoquer ; car, même en conservant son caractère apparent, elle ne pouvait pas lui être opposée. La Cour n'avait donc pas à se prononcer sur la question que j'examine.

Et ce n'est pas seulement en matière civile que la jurisprudence le dessine en ce sens, mais elle incline aussi vers la même solution en matière de commerce, malgré la faveur qui s'attache à la sûreté des transactions commerciales et les graves inconvénients qu'a pour des négociants l'obligation de souscrire des nantissements explicites, révélant aux yeux de tous l'affaiblissement, sinon la ruine de leur crédit. On trouve dans tous les recueils de jurisprudence, de très-nombreux arrêts qui décident que les art. 2074 et 2075 du Cod. Nap. sont applicables à ces matières, et on n'admet d'exception qu'à l'égard du cas prévu par l'art. 93 du Code de commerce combiné avec l'art. 95.

La Cour impériale de Montpellier a consacré très récemment cette doctrine, en jugeant, le 4 janvier 1853 (1), que la remise de coupons d'actions de compagnies industrielles ou commerciales à titre de gage, était sou-

(1) Devilleneuve et Carrette, 1853, II, pag. 266 ; voir M. Dalloz, n°s 100 et suiv.

mise à la nécessité d'un acte déclaratif du gage et enregistré. La Cour de cassation a également jugé, le 7 janvier 1851 (1), dans le même sens. La Chambre des requêtes a admis, il est vrai, la validité de l'impignoration tacite au moyen de l'endossement de lettres de change au profit du créancier (2). Mais cette doctrine, contraire à celle de la chambre civile et de plusieurs Cours impériales (3), viendrait-elle à s'établir définitivement, qu'elle n'infirmerait en rien les principes que j'ai exposés, soit parce que la faveur attachée à la circulation des lettres de change expliquerait cette exception, soit parce qu'il y a un acte de transport valable en sa forme spéciale (Code de com., art. 136, 137, 138), transport simulé sans doute, mais qui ne peut être nullement assimilé à un acte inexistant.

CHAPITRE II.

Des cessions, subrogations, et renonciations à l'hypothèque légale de la femme mariée.

XV. Nous venons de voir les résultats des traités qui sont faits sous différents noms, mais dans un but iden-

(1) *Ibid.* 1851, I, 129.

(2) *Vide* arrêt du 18 juillet 1818, *ibid.* I, pag. 609.

(3) Les divers éléments de cette jurisprudence ont été résumés par M. Huguet, avocat à la Cour de cassation et au Conseil d'Etat, dans le journal de *Droit commercial* qu'il rédige avec la collaboration de M. Rivière; livraison de février 1855, pag. 18 et suiv. On trouvera aussi une discussion approfondie sur ce point dans le *Répert.* général de M. Dalloz, v° *Nantissement*, n°s 113 et suiv. de la nouvelle édition.

tique, concernant les reprises et créances de la femme mariée. Nous allons nous occuper maintenant des mêmes traités qui sont relatifs à l'hypothèque légale seulement.

Il est manifeste, par la nature même des choses, qu'il existe une ligne de démarcation profonde entre la créance qui est le principal et l'hypothèque qui est l'accessoire. Nous les distinguerons avec d'autant plus de soin que, dans la pratique des affaires comme dans la jurisprudence, on les confond plus souvent, et que cette confusion a obscurci de plus en plus cette matière.

Il y a, d'après la doctrine et la jurisprudence, deux espèces de cessions et de subrogations en matière d'hypothèque légale: les unes expresses, les autres virtuelles ou tacites. Je m'occuperai d'abord des difficultés qui sont communes à toutes ces espèces de subrogations, me réservant de m'occuper ensuite d'une manière spéciale des subrogations tacites.

SECTION PREMIÈRE.

DES DIFFICULTÉS COMMUNES A TOUTES LES ESPÈCES DE CESSIONS OU DE SUBROGATIONS EXPRESSES EN MATIÈRE D'HYPOTHÈQUE LÉGALE.

XVI. Avant d'étudier les points de vue particuliers à cette section, il importe de faire une précision essentielle sur ce qu'on appelle la cession de l'hypothèque légale, et la simple cession d'antériorité purement relative qu'on désigne quelquefois dans la pratique sous le nom de postposition de rang. Ces deux choses ont été surtout distinguées dans les travaux législatifs au sujet de la réforme hypothécaire.

Il y a cession ou subrogation, lorsque la femme, transférant son hypothèque à un autre, s'en dépouillant pour l'en investir, fait monter celui-ci à son rang; ce dernier succède alors *in locum antiquioris creditoris*, selon les termes du droit romain. L'hypothèque de la femme est par cela même éteinte, du moins dans les limites de la créance jusqu'à concurrence de laquelle le transfert a eu lieu. L'hypothèque ne peut pas, en effet, reposer en même temps sur la tête du cédant et sur celle du cessionnaire ou subrogé; il y a évidemment incompatibilité.

Il y a, au contraire, cession d'antériorité purement relative, lorsque la femme, tout en conservant sa créance et son droit d'hypothèque, promet à un créancier hypothécaire de ne pas s'en prévaloir vis-à-vis de lui, mais en conservant tous les avantages de son rang vis-à-vis de tous les autres créanciers; c'est ce que les anciens auteurs appelaient *cessio juris prælationis* (1).

Quelles seront les différences de ces deux opérations par rapport aux créanciers intermédiaires? Proposons un exemple : Un mari a pour créanciers hypothécaires,

Sa femme ;
Primus ;
Secundus ;
Tertius ;
Quartus.

Si la femme cède son hypothèque légale à *Quartus,*

______

(1) Olea, *de cessio. jur.*, tit. VI, quest. VI, n° 11.

ou l'y subroge, il est évident que celui-ci montera au premier rang où il primera les trois autres créanciers. Ceux-ci n'éprouveront donc aucune espèce de changement par l'effet de la subrogation. Le cessionnaire qui a pris ainsi la place de la femme, produira en son propre nom dans l'ordre, et demandera que la collocation à laquelle la femme avait droit lui soit attribuée. Si la femme cède seulement son droit d'antériorité à *Quartus*, on n'est plus d'accord sur les résultats de cet acte par rapport aux créanciers intermédiaires. Ainsi, par exemple, dans l'ancien droit, Voët (1), Olea (2), Cancerius (3), dont la doctrine a rencontré de nos jours quelques échos (4), enseignaient que la femme, par l'effet de la cession, descendait au dernier rang des créanciers hypothécaires, et que *Quartus*, cessionnaire de l'antériorité relative, passait immédiatement avant elle, mais après les trois autres créanciers intermédiaires, de telle sorte que le classement se trouverait désormais ainsi établi :

> *Primus ;*
> *Secundus ;*
> *Tertius ;*
> *Quartus ;*
> *La femme.*

Et par là, en définitive, cette cession d'antériorité aurait profité aux trois créanciers intermédiaires. Mais

(1) *Pandectes*, liv. XX, tit. XIV.
(2) *De cessione jurium*, tit. VI, quest. VI.
(3) *De renuntiat.*, cap. XV, n° 119, pag. 315.
(4) Voir les arrêts des Cours de Caen et de Paris, cités par M. Bertauld, n°⁸ 21 et 78.

ce résultat, auquel on n'aboutissait qu'à travers une série de raisonnements plus ou moins subtils, heurte trop ouvertement cette maxime fondamentale, que les conventions ne peuvent nuire ni profiter aux tiers qui n'y ont pas été parties (1). Pour qu'il soit possible de l'admettre, il faut donc décider, en pareil cas, que les créanciers intermédiaires conserveront leurs positions respectives, que la femme sera colloquée en son rang, *nomine proprio*, sauf à elle à remettre à *Quartus* ou à lui laisser prendre le montant de sa collocation (2). Il est certain que la femme n'a pas entendu renoncer à son hypothèque en faveur du débiteur, que, d'un autre côté, elle n'y a renoncé qu'en faveur d'un seul des créanciers. C'est donc le cas de confirmer la décision qui précède par la constitution *Jubemus*, *21*, au Code, *ad senatusconsult. Velleian.*, et de dire avec l'empereur Justinien, dont la glose d'Accurse adoptait pleinement la restriction : *Non debet hæc renunciatio trahi ad alias personas, nec ad alias res, nisi de quibus actum est* (3).

Dans cette opinion, la question semblerait se résoudre en une pure question de forme. Mais en y regardant de près, on voit qu'il existe de sérieuses et de profondes différences entre les effets de la cession proprement dite et ceux de la simple cession d'antériorité. En effet:

1º La cession proprement dite peut avoir lieu en faveur d'un simple créancier chirographaire ou d'un

---

(1) Loi 73, *de diversis regulis juris antiqui ;* Code Nap., art. 1165.
(2) M. Troplong, *des priviléges et hypothèques*, nº 600.
(3) *Vid.* aussi en ce sens M. Gauthier, nº 583.

créancier ayant une hypothèque non encore inscrite, et elle peut favoriser ainsi un premier emprunt ; la cession d'antériorité, au contraire, n'a lieu, comme ses termes l'indiquent, qu'en faveur d'un créancier hypothécaire ayant déjà un rang, c'est-à-dire inscrit (1), et ne sert par suite à favoriser qu'un simple atermoiement ou des modifications dans le prêt primitif.

2° Dans le cas de cession de l'hypothèque, on s'est demandé (j'examinerai ultérieurement cette question) si le cessionnaire aurait, par analogie avec le droit commun, un droit acquis indépendant des évènements qui pourraient entraîner plus tard l'extinction totale ou partielle de la créance de la cédante. Mais la question n'est pas possible, dans le cas de la simple cession d'antériorité. La femme conservant sa créance et son hypothèque (2), il s'en suit que cette créance venant à s'éteindre ultérieurement en tout ou en partie par compensation, confusion ou autrement (3), le cessionnaire du rang se trouvera déchu de son droit. C'est ce que la Cour de cassation a jugé *in terminis* par un arrêt du 25 janvier 1853 rejetant le pourvoi formé contre un arrêt de Bordeaux du 4 décembre 1850. Les motifs sont des plus explicites:

» Attendu que l'hypothèque ne peut avoir d'existence
» propre indépendamment de la créance dont elle est
» l'accessoire et le moyen d'exécution, que dès-lors la

---

(1) M. Gauthier, nᵒ 565. — Le rapport de M. Bethmont au Conseil d'Etat, qu'on trouvera cité ci-après, est textuel sur ce point.

(2) *Manente credito et hypotheca* (Olea, *dict. loc.*, pag. 410). — Arrêt de la Cour de Toulouse, cité plus haut note 3 de la pag. 14.

(3) N'en serait-il pas de même si la femme cédait sa créance à un autre ?

» convention par laquelle un créancier cède son hypo-
» thèque à un autre créancier qui lui était postérieur,
» ne peut avoir d'autre résultat que de lui substituer le
» cessionnaire aux lieu et place qu'aurait occupés dans
» l'ordre la créance du cédant ; d'où il suit, que si
» cette créance a cessé d'exister, ou a elle-même perdu
» son rang hypothécaire, la cession d'antériorité ne
» peut avoir aucun effet pour le cessionnaire ; attendu,
» dès-lors, qu'en refusant aux demandeurs en cassa-
» tion de les colloquer au rang hypothécaire à eux cédé
» par Lenoble, faute de justification *de l'existence ac-*
» *tuelle* de la créance dudit Lenoble, l'arrêt attaqué,
» loin de violer aucune loi, a, au contraire, fait à l'es-
» pèce une juste application des principes de la ma-
» tière ; rejette (1). »

3° D'après la Cour de Paris (2), en cas de cession
d'antériorité, la perte de l'hypothèque qu'avait le
créancier cessionnaire, par exemple, faute de renou-
vellement, rendrait le bénéfice de la cession inefficace,
la femme ne l'ayant consentie qu'à raison de l'hypothèque qu'avait personnellement ce créancier. Cette
solution n'atteindrait pas, sans doute, le cessionnaire
de l'hypothèque.

XVII. Ces précisions suffiront pour établir combien
il importe de distinguer avec soin la cession de l'hypothèque de la simple cession de l'antériorité (3). Mais la

(1) Dalloz, 1833, I, pag. 12. — *Journal du Palais*, 1833, tom. I,
pag. 697. Les faits ne sont rapportés que dans ce dernier recueil —
M. Gauthier expose aussi la même doctrine, nos 378 et 838.

(2) Arrêt du 21 août 1833, Dalloz, 1834, II, pag. 106.

(3) Les anciens auteurs faisaient cette distinction avec le plus grand
soin, comme on le voit dans tous les traités spéciaux sur les cessions

chose n'est pas toujours aisée, soit parce que les deux opérations ne sont séparées que par des nuances assez délicates, soit parce qu'il est difficile de saisir l'intention des parties à travers la rédaction obscure ou fautive des actes.

XVIII. Quoi qu'il en soit, examinons maintenant la validité intrinsèque de la cession de l'hypothèque indépendamment de la créance.

Cette question purement théorique, qui n'est résolue par aucun texte, est susceptible de rencontrer les plus graves dissentiments.

Constatons, d'abord, ce qu'on n'a pas encore remarqué, que les anciens auteurs l'avaient examinée avec le plus grand soin et l'avaient résolue en faveur de l'affirmative (1). Quelques jurisconsultes résistaient bien à cette solution, mais ils étaient en minorité (2).

Mais il importe de remarquer que les docteurs qui se prononçaient en faveur de la disjonction facultative, enseignaient en même temps que, si la créance de laquelle l'hypothèque avait été détachée venait plus tard à s'éteindre, le cessionnaire se trouvait privé de l'efficacité de sa cession (3); et c'était précisément parce que

---

d'actions et sur les hypothèques (*vid.* notamment Olea, Neguzantius et Merlinus, *passim.*) — Elle est aussi très-nettement formulée dans tous les travaux préparatoires de la réforme hypothécaire.

(1) Voir les noms de ces auteurs cités dans Olea, *de cessione jurium*, tom. VI, quest. VI, nº 11, et dans Merlinus, *de pignorib. et hypoth.*, liv. IV, tom. IV, nº 8.

(2) Ainsi elle n'était admise ni par Cynus (Merlinus, *ibid.*) ni par Jacobus de Arena (*de cess. jur. et act.*, nº 58).

(3) Voir notamment Barthole sur le titre des *Pandectes*, *de mandato-*

cette disjonction n'avait qu'un caractère tout-à-fait précaire, à cause des éventualités dont il vient d'être parlé, que certains docteurs professaient qu'elle n'était pas licite (1).

Sous l'empire du Code, avant les travaux de la réforme hypothécaire, le même dissentiment s'était élevé. Le plus grand nombre des esprits s'était pourtant rallié aux anciennes traditions (2). Sur trois Facultés de droit qui exprimèrent leur avis à l'occasion de la communication du projet de réforme hypothécaire, deux se prononcèrent pour l'illégalité de la cession : c'étaient les Facultés de Strasbourg et de Caen; une se prononça pour l'opinion opposée ; ce fut celle de Rennes (3).

Le gouvernement, par l'art. 2139 de son projet de

ribus et *fidejussoribus*, sur la loi *fidejussor. obligari*. Les autres docteurs suivaient son opinion, comme on le voit dans l'annotation de Barthole et dans Neguzantius, *de pignor. et hypotheca.*, pag. 216 (de l'édit. in-8°).

(1) Jacobus de Arena s'en expliquait nettement dans son traité *de cessione juris*, n° 88. Il disait : *Addo ego optimam rationem pro eo quod cedi non possit, quia semper cedens realem, retenta personali posset revocari ipsam quam cessit, et cessionem infringere, veluti extinguendo personalem, quia sublato principali extinguitur accessorium, ut C. de usuris, l. eos, j. respon. et sic posset et etiam post litis contestationem et post denuntiationem, vel partis solutione revocare cessionem, quod esset contra, l. C. de novat., l. 2.*

(2) Ainsi, tandis que MM. Zachariæ et ses savants annotateurs MM. Aubry et Rau s'étaient prononcés pour la non-disjonction (tom. II, § 288, pag. 13). M. Valette, *Traité des hypothèques* (pag. 206), et MM. Championnière et Rigaud (n° 1135) adoptaient l'opinion contraire que la Cour de Bourges avait déjà consacrée par un arrêt (Devilleneuve, 1833, II, pag. 628).

(3) *Documents relatifs à la réforme hypothécaire*, publiés par M. le garde-des-sceaux, tom. II, pag. 471 et III, pag. 403. — M. Bertauld, *dicto loco*, pag. 69 et 70.

révision, admettait le système qui était le plus généralement reçu (1); mais dans le sein de l'Assemblée législative, comme dans le sein du Conseil d'Etat, la
majorité se prononça nettement en faveur du système
des Facultés de Strasbourg et de Caen. Voici comment
s'en exprimait M. de Vatimesnil, représentant du peu-
ple, dans son rapport au nom de la commission,
composée de vingt-neuf membres, choisis parmi les
jurisconsultes et les économistes les plus distingués de
l'Assemblée. « L'art. 2139 du projet (2) paraît suppo-
» ser que l'hypothèque peut être cédée indépendam-
» ment de la créance. La commission ne croit pas
» devoir admettre ce genre de cession qui lui paraît
» contraire aux principes et sujet à de graves inconvé-
» nients: *contraire aux principes,* car l'hypothèque,
» étant un accessoire (3), est naturellement transmise
» en même temps que la créance dont elle forme la
» sûreté (Code civil, art. 1692); mais on ne conçoit pas
» bien qu'elle puisse être détachée de la créance pour
» être cédée isolément; *sujet à de graves inconvénients,*
» car, dans le système que nous combattons, le créan-
» cier qui aurait hypothèque sur plusieurs immeubles

(1) Il était conforme à l'opinion émise dans le rapport fait à M. le
garde-des-sceaux par M. Persil, au nom de la commission instituée
par le Président de la République (pag. 08). M. Bertauld (pag. 70)
trouve le fragment de ce rapport équivoque; il m'a paru au contraire
très-explicite. M. Persil y dit, en effet : « Le droit que nous propo-
» sons de laisser à la femme de *céder son droit à l'hypothèque ou son
» droit d'antériorité.* »

(2) Il était ainsi conçu : « Le créancier à qui l'hypothèque a été con-
» sentie, ses héritiers ou ayant cause pourront céder cette hypothèque
» ou son rang d'antériorité, mais seulement par acte authentique. »

(3) Art. 2114, 2180, nos 1 et 4, alinéa 1er.

_— 48 —_

» pourrait, en conservant sa créance et son hypothè-
» que sur un des immeubles, faire un trafic très-fâ-
» cheux de cette même hypothèque, en tant qu'elle
» frapperait sur les autres immeubles. »

» Sans doute, il se fait quelquefois un échange de
» rang hypothécaire entre deux créanciers ayant hy-
» pothèque sur le même immeuble; mais cette con-
» vention, qui est licite et qui ne peut préjudicier à
» personne, n'a besoin ni d'être autorisée, ni d'être
» soumise à des formes particulières. La commission
» ne saurait, en conséquence, admettre la disposition
» de l'art. 2139 du projet du gouvernement (1). »

La commission avait formulé sa pensée dans son art. 2159, qui avait notablement modifié l'art. 2139 du projet du gouvernement. Cet art. 2159 était ainsi conçu : « *Les cessionnaires de toute créance privilégiée ou hy-* » *pothécaire* et les personnes valablement subrogées » dans lesdites créances exerceront sur l'immeuble » les mêmes droits que le cédant ou le subrogeant. »

De son côté, M. Bethmont exprimait les mêmes idées dans son rapport au nom de la commission du Conseil d'État, rapport qui fut délibéré et adopté par le Conseil réuni en assemblée générale, dans sa séance du 9 juillet 1850.

» La cession, disait-il, soit de l'hypothèque, soit du » rang d'antériorité, est organisée par l'art. 2139 du » projet. La pensée qui a inspiré cet article doit être » approuvée, mais la rédaction se prête à des inter- » prétations dangereuses. — Le projet paraît admettre

<hr>

(1) Pag. 86 et 87 du tirage à part. Le rapport se trouve aussi au *Moniteur*, supplément au n° 116 du 26 avril 1850.

» qu'un créancier hypothécaire pourra céder son hy-
» pothèque sans sa créance. Une semblable cession ne
» se conçoit pas. On doit donc exprimer formellement
» la faculté de céder la créance hypothécaire, mais
» non la faculté de céder l'hypothèque comme un
» droit distinctif, détaché de l'obligation. »

» La cession du rang *d'antériorité entre deux créan-*
» *ciers inscrits sur le même immeuble* ne souffre pas
» d'objections. La situation du grevé n'est pas modi-
» fiée » (1).

L'art. 2159 du projet de la commission de l'Assemblée législative, devenu l'art. 2150, par suite de quelques remaniements, fut adopté sans observation en
deuxième lecture dans la séance du 20 février 1851 (2).

XIX. Que résulte-t-il de ces documents législatifs et
de ces faits? Qu'aux yeux de l'Assemblée législative et
du Conseil d'Etat la créance et l'hypothèque sont liées
entre elles, de telle façon que la seconde ne peut être
cédée indépendamment de la première. Il en résulte
encore qu'un échange de rang peut avoir lieu entre
deux créanciers inscrits. Ces cessions et subrogations
ne peuvent s'opérer en faveur d'un premier emprunt

---

(1) Pag. 83. — En conséquence, le Conseil d'Etat proposait la rédaction suivante à la place de celle de l'art. 2139 du projet du gouvernement (art. 2142) : « Le créancier à qui l'hypothèque a été consentie,
» ses héritiers ou ayant cause, peuvent *céder leur créance hypothé-*
» *caire ou leur rang d'antériorité,* mais seulement par acte authentique
» (pag. 40). »

(2) *Moniteur* du 21 février 1851, pag. 836. Les remaniements que
la nouvelle rédaction de la commission pour la troisième lecture avait
fait subir au projet adopté en deuxième lecture (*vid.* pag. 83 de cette
rédaction), n'infirmaient en rien l'autorité de ce vote.

que contracterait le mari; la cession de la femme ne
pouvant intervenir qu'après l'inscription de la créance
à laquelle elle devrait aller s'adjoindre. Le Conseil
d'Etat et la commission de l'Assemblée législative admettent des cessions de rang entre deux créanciers
inscrits; mais c'est sans doute, comme le fait remarquer M. Bertauld (1), à la suite d'un échange entre
les créances jusqu'à somme concurrente, car on ne
voit pas que sans échange de créances les rangs res-
pectifs puissent permuter, le principe de l'indivisibilité
étant une fois admis. Or, à ce point de vue, comment
raisonnablement supposer des échanges possibles entre
des créances ordinaires et les créances de la femme,
qui, par leur nature même, répugnent le plus souvent
à ces sortes de contrats ?

Il n'entrait, d'ailleurs, dans l'esprit de personne, de
combattre la simple cession d'antériorité qui a été toujours admise (2), qu'autorisaient les rédactions du Conseil d'Etat (art. 2142 de son projet) comme celle de la
commission (art. 2115).

On ne peut se dissimuler le poids que doivent jeter
dans la balance de si grandes autorités (3). Si la fa-

(1) Pag. 71 et 72.

(2) Voir dans M. Guichard, *jurisprudence hypothécaire*, 1, pag. 418,
une décision de l'administration de l'enregistrement du 31 octobre 1807,
en ce sens.

(3) M. Bertauld s'est prononcé contre la légalité de la disjonction
(no 3). — M. Mourlon professe aussi la même opinion, pag. 579 et
suiv. — M. Gauthier ne voit de son côté dans les cessions d'hypothèque
qu'une cession d'antériorité (no 577).

La Cour de Caen a toutefois jugé, le 11 mars 1834 (Devilleneuve et
Carrette, 1835, II, pag. 10), qu'un privilège (il s'agissait du privilège du
vendeur) pouvait être cédé indépendamment de la créance. Cet arrêt

culté de détacher le rang de la créance soulève de si vives résistances quand il s'agit de créances ordinaires, ces résistances doivent grandir encore quand il s'agit de procéder ainsi à l'égard de l'hypothèque légale. Cette hypothèque est, en effet, tout entière, l'œuvre de la loi (2117) ; et la loi l'a accordée à la femme mariée, indépendamment de toute stipulation et de toute inscription, par des considérations toutes *personnelles* (1), pour la protéger contre la puissance du mari. Autoriser ici la séparation de la créance et du rang, c'est donc détruire l'œuvre et l'économie de la loi, et faire jouir une créance ordinaire d'une faveur spéciale et exceptionnelle qui n'a été établie que comme contrepoids à la puissance maritale, en violant ainsi cette maxime fondamentale : *beneficium personale non convertitur in beneficium commune* (Paul, *frag. 68, de div. reg. jur. antiq.*).

Dans le droit romain, l'hypothèque privilégiée affec-

me paraît contraire à tous les principes, car le privilége étant attaché à la *qualité* de la créance (art. 2095), on ne voit pas comment on peut abstraire une qualité de la chose principale à laquelle elle est inhérente. Aussi les anciens auteurs ne parlent jamais de la cession du privilége, en dehors de la cession de la créance (voir notamment Olea, *de cess. act.*, tit. VI, quest. II, n° 12). Je ne saurais me familiariser avec cette idée que le privilége d'un copartageant ou d'un architecte puisse servir à fixer le rang d'une créance ordinaire à laquelle il sera appliqué.

(1) M. Bigot Préameneu. — *Discussion du titre des priviléges et hypothèques* (Locré, XVI, 210). — *Vide* aussi l'exposé des motifs de ce titre par M. Treilhard. La loi sur la transcription en matière hypothécaire vient d'appuyer cette vérité, puisqu'elle oblige les veuves à inscrire leur hypothèque dans l'année qui suit la dissolution du mariage (art. 8 et 11). — *Junge* le rapport fait au Sénat par M. de Casablanca (séance du 8 mars 1855, pag. 19 et 20).

4

tée à la dot par la const. 12, *assiduis*, au Code, *qui poliores in pignore*, était personnelle à la femme et à ses héritiers ; elle ne pouvait pas être transmise aux étrangers, tandis que l'hypothèque tacite résultant de la constitution unique au Code, *de rei uxoriæ actione*, était au contraire transmissible ; mais les auteurs qui font la différence entre ces deux hypothèques raisonnent dans le cas où cette seconde hypothèque était cédée avec la dot (1).

Il est vrai que dans l'hypothèque légale accordée aux créances des femmes mariées sur les biens du mari, la faveur est attachée à la créance ; mais cette faveur lui vient de la personne du créancier ; et s'il y a combinaison du *privilegium causæ* et du *privilegium personæ*, dans cette combinaison, ce dernier est le principe de l'autre ; il est le privilége éminent ou dominant.

Dirait-on que, d'après ce système, il faudrait aller jusqu'à interdire à la femme mariée d'aliéner ses reprises ? Mais l'objection ne porterait pas ; car, quand la femme aliène ses reprises, elle dispose de son droit et recueille, par le prix qu'elle en retire, les avantages que la loi a entendu lui accorder. Son cessionnaire ne vient pas alors, qu'on veuille bien le remarquer, demander le paiement d'une créance ordinaire, en s'aidant d'une hypothèque occulte qui n'est pas faite pour elle ; il vient comme cessionnaire de la créance elle-même, qui reste naturellement munie de ses avantages.

XX. Que si l'on adopte le système de la disjonction possible, même en matière d'hypothèque légale de la

____

(1) Cor. Ant. Deluca. — *Spicilegium de cens. jur.*, quest. XXVI.

femme mariée, n'y a-t-il pas lieu à examiner si, comme le décidaient les anciens auteurs sous l'empire du droit romain, l'hypothèque cédée ne doit pas être considérée comme toujours dépendante de la créance originaire d'où elle a été séparée, et d'appliquer ici les principes qui ont été appliqués à la simple cession du droit d'antériorité, pour le cas où les causes de l'hypothèque viennent à s'éteindre du chef du cédant (1).

La Cour impériale d'Orléans, par un arrêt du 16 mars 1849 (2), a consacré les anciennes traditions et la doctrine de Barthole. Cet arrêt est ainsi conçu :

« Considérant qu'on ne peut céder à un autre plus
» de droits qu'on n'en a soi-même ; considérant que si,
» aux termes de l'art. 2135 du Code civil, la femme
» mariée a une hypothèque légale sur les biens de
» son mari, notamment pour l'indemnité des obliga-
» tions qu'elle a contractées solidairement avec lui
» pendant l'existence de la communauté, cette hypo-
» thèque ne produit son effet qu'autant que, lors de
» la dissolution de cette communauté, elle a droit à
» une indemnité ; — considérant que de là il suit
» qu'en subrogeant le prêteur dans son hypothèque
» légale, elle ne lui confère qu'un droit purement
» éventuel ; — considérant que si, en souscrivant so-
» lidairement avec son mari l'obligation du 25 décem-
» bre 1829, la dame Leblanc est devenue créancière
» de l'indemnité à laquelle elle avait droit à raison de
» ladite obligation, cette créance était éteinte dès
» avant la deuxième production du sieur Picaut de

______

(1) Vid. ci-dessus pag. 41 et 42.
(2) Devilleneuve et Carrette, 1849, II, 53 et suiv.

» la Ferandière ; qu'en effet, en acceptant purement
» et simplement ce qui était dans leur droit, la suc-
» cession de leur mère et ensuite celle de leur père,
» les héritiers Leblanc sont devenus tout à la fois
» créanciers et débiteurs de cette indemnité ; d'où il
» suit que la confusion s'est opérée de plein droit, et
» que, par suite, la subrogation dont on excipe le sieur
» Picaut de la Ferandière est devenue sans objet;
» par ces motifs, etc. (1). »

Cette doctrine, sur quoi repose-t-elle? si ce n'est sur
les rapports nécessaires qui existent entre le principal
et l'accessoire (loi 78 *de diversis reg. jur. antiq.*). —
Or, ces rapports, pris dans la nature même de l'hypothèque, n'existent-ils pas dans notre droit comme dans
le droit romain (art. 2180, § 1, Code Napoléon)? A
vrai dire, ils sont même plus énergiques sous le Code
que sous le droit romain. En effet, dans le droit romain, l'hypothèque pouvait exister dans certains cas,
quand l'obligation principale était éteinte (*constit. 7,
cum notissimi, Cod. de præscript., trig. vel quadrag.
anno ; const. 2, Cod. de luit. pignoris)*. — Or, ces
principes ont été abrogés par le Code (2180), et par
suite la subordination qui existe de l'accessoire au
principal est devenue plus étroite que dans l'ancien
droit (2). Donc......

Où sont, d'ailleurs, les textes qui, dans notre droit,
décident qu'il en sera de la cession de l'hypothèque

(1) Cet arrêt a été critiqué par M. Bertauld, n° 71, et par M. Carrette, *dic. loc.* ; mais cette réfutation ne détruit pas, selon nous, les
bases sur lesquelles l'arrêt s'appuie, et notamment l'autorité de l'ancien
droit.

(2) *Vid.* M. Troplong, *priviléges et hypothèques*, n° 885.

comme de la cession de la créance elle-même ? Le cessionnaire de la créance, placé dans les conditions de l'art. 1690, a, sans doute, un droit définitivement acquis, qu'aucun fait, aucun évènement se réalisant du chef du cédant ne peut affecter ou éteindre ; cela se conçoit, car il s'agit de la transmission d'une chose ayant une existence indépendante. Mais cela peut-il également s'appliquer à l'hypothèque? Dira-t-on qu'il implique de pouvoir céder l'hypothèque et de faire dépendre pourtant la cession du sort de la créance de laquelle elle a été détachée? Mais il faudrait d'abord commencer par prouver que l'hypothèque peut être cédée indépendamment de la créance ; et puis, pourquoi le principe de la cession étant une fois admis, le cessionnaire ne subirait-il pas les conséquences de la nature du droit cédé? Certains jurisconsultes belges adoptent le principe que l'hypothèque peut être détachée de la créance ; de ce nombre est M. Martou, en son traité déjà cité *des priviléges et hypothèques*, n° 175. Mais ce savant auteur est d'avis que si la créance vient à s'éteindre, le bénéfice de la cession s'évanouit. Voici ce que, consulté par moi, il me faisait l'honneur de m'écrire le 26 avril 1855 :

« L'hypothèque peut être cédée sans la créance, car
» aucune disposition de loi n'interdit de transporter à
» un tiers le bénéfice de cette garantie. Mais elle ne
» peut avoir sur la tête du cessionnaire un autre ca-
» ractère, ni d'autres conditions d'existence ou de du-
» rée que sur la tête du cédant. Ce dernier ne peut
» transmettre le droit que tel qu'il le possède. Il
» a obtenu une hypothèque dont l'efficacité est subor-
» donnée à l'existence de sa créance. C'est soumise à
» la même condition, que l'hypothèque entre dans le

» patrimoine du cessionnaire. Il faut, dès-lors, pour
» que celui-ci puisse s'en prévaloir utilement, que la
» créance du cédant existe encore à l'instant où l'hy-
» pothèque est mise en mouvement par le cession-
» naire. »

XXI. Il importe de remarquer que les créanciers qui
ont accepté des cessions ou subrogations d'hypothèques
sans exiger la cession des créances, seraient non rece-
vables à se retrancher subsidiairement derrière une
question de gage tacite attaché à ces cessions. Ils seraient repoussés par une raison décisive, prise de ce
que le droit d'hypothèque est insusceptible d'un nantissement exprès qui ne peut porter taxativement que sur
des choses principales et non accessoires (2072) ; il est
par cela même insusceptible d'un gage virtuel ou tacite.

XXII. Je passe maintenant aux subrogations tacites,
en faisant remarquer préalablement que j'ai considéré
implicitement les renonciations expresses à l'hypothèque
faite *in favorem* comme étant *translatives*.

Cette doctrine repose sur les considérations que j'ai
précédemment exposées pour les renonciations aux reprises. C'était ce que professait, dans l'ancien droit, le
président de Lamoignon, dans ses arrêtés, où il proposait de déclarer qu'au cas de renonciation expresse,
celui au profit duquel elle était faite entrait dans l'hypothèque de celui qui renonçait (1). La Cour de Lyon
s'est prononcée très-récemment en ce sens, par un
arrêt du 7 avril 1854 (2).

(1) Tit. XXVI, *de l'extinction des hypothèques.*
(2) Devilleneuve et Carrette, 1831, II, pag. 577 et suiv. *Vide* aussi
M. Troplong, n° 603.

Je ne parle pas du système de M. Proudhon sur la renonciation abdicative, inadmissible, comme on l'a vu, comme étant en opposition manifeste avec l'intention du renonçant. Il est vrai que M. Zachariæ et ses annotateurs, MM. Aubry et Rau (1), ont mis à cette renonciation, pour qu'elle produise ces effets, cette condition, qu'elle sera faite en faveur d'un créancier hypothécaire; car, d'après eux, si le créancier est purement chirographaire, l'hypothèque légale ne trouverait pas une hypothèque préexistante à laquelle elle pût s'attacher. Mais c'est avec raison, selon moi, que M. Bertauld a combattu cette distinction tout-à-fait arbitraire (2). — C'est précisément parce que l'hypothèque légale viendrait s'appliquer à une créance chirographaire qu'elle produirait en faveur de cette créance des effets plus importants.

SECTION II.

DE LA SUBROGATION TACITE AUX HYPOTHÈQUES LÉGALES,

XXIII. Trois moyens se sont produits et ont rencontré des chances plus ou moins favorables pour aboutir à la subrogation tacite : 1° en faisant souscrire une obligation solidaire par la femme et par le mari ; 2° en portant la précaution jusqu'à faire souscrire une affectation hypothécaire au profit du créancier sur les biens du mari par celui-ci et par son épouse; 3° en faisant

(1) Tom. II , § 228.
(2) Pag. 28 et suiv.

obliger solidairement la femme avec le mari qui grève ses biens d'une affectation hypothécaire.

XXIV. Le premier de ces moyens, qui avait obtenu du succès jusque dans le sein de la Cour de cassation (1), a subi un revirement de fortune presque complet que M. Troplong lui avait prédit (2), et se trouve aujourd'hui presque généralement délaissé. Il faut convenir qu'il a le sort qu'il mérite. Il n'est pas, en effet, selon moi, parmi toutes les déviations de la jurisprudence moderne, une erreur plus considérable que celle qui avait été consacrée à cet égard. Admettre que, par une obligation purement personnelle, dont la solidarité ne pouvait pas changer le caractère (Code Napoléon, 1200), la solidarité n'agissant pas sur la nature de l'obligation, mais seulement sur l'étendue des obligations qu'elle impose à chacun des coobligés (Code Napoléon, 1203), la femme transférait tacitement son hypothèque légale au créancier, c'était fouler aux pieds toutes les traditions et violer manifestement les articles 2092, 2093, 2094 et 2115 du Code Napoléon analysés et combinés, et cela, par une confusion saillante entre le gage *imparfait* dont parle l'art. 2003 et l'hypothèque proprement dite.

La Cour de Paris a si bien mis ce principe élémentaire en relief par un arrêt du 8 avril 1853 (3), qu'il

(1) Voir en ce sens les arrêts cités par MM. Devilleneuve et Gilbert, *Jurisprudence du dix-neuvième siècle*, v° hypoth. légale, n° 203, et par M. Gauthier, n° 585.

(2) *Des hypothèques*, n° 600.

(3) Devilleneuve et Carrette, 1853, II, pag. 503. — *Junge* les observations de M. Devilleneuve sur cet arrêt.

Vide, dans le même sens, M. Troplong, *des hypoth.*, tom. II, n° 603.

faut considérer désormais le retour d'une pareille jurisprudence comme impossible.

XXV. Pour ce qui est du second moyen (1), la précaution exubérante que prenaient les parties en faisant
souscrire à la femme une hypothèque sur les biens de
son mari, ce qui l'eût jetée dans les voies périlleuses
du stellionat si le mari n'eût immédiatement ratifié (2),
trahissait les défiances qu'inspirait le procédé en lui-
même. Comment, en effet, ériger en système un procédé d'après lequel la femme non propriétaire venait
en présence du mari, seul propriétaire, grever les
biens de celui-ci d'une hypothèque, quand il est de
doctrine élémentaire, consacrée par l'art. 2125 du
Code Napoléon, ayant ses racines dans la constitution
nexum, 8, *si aliena res pign. dat. sit.*, que l'hypothèque ne peut être valablement conférée que par le propriétaire? C'est donc avec raison que ce procédé a été
aussi déserté.

XXVI. Il ne reste donc plus sur ce terrain, ainsi successivement dégagé, que l'expédient de l'obligation solidaire avec affectation hypothécaire de la part du
mari. Le courant de la jurisprudence paraît tendre (au

Proudhon, *usufruit*, IV, n° 2334.

Grenier, *des hypoth.*, tom. I, n° 234.

Bertauld, *de la subrogation*, pag. 109.

(1) On trouve dans les recueils divers arrêts qui l'ont consacré, et
notamment deux arrêts, l'un de la Cour de Metz, du 4 juin 1822, et
l'autre de la Cour de Paris, du 20 août 1822. — *Jurisprudence du dix-
neuvième siècle*, par M. Devilleneuve et P. Gilbert, v° *hypothèque
légale*, n°° 212 et 213.

(2) Code Nap., art. 2059. — Voir le commentaire de M. Troplong
sur ce texte (*de la contrainte par corps*).

moment où j'écris) en sa faveur, et la Cour de cassation vient de confirmer sa jurisprudence par un arrêt du 8 août 1854, rejetant le pourvoi formé contre un arrêt de la Cour d'Amiens du 11 mars de la même année (1). Toutefois, les faveurs dont il jouit, il ne les possède pas sans une vive contestation; car la Cour de Paris, par un arrêt du 24 août 1853 (2), et celle de Caen, par trois arrêts, dont l'un du 9 février 1853 (3), ont décidé que l'effet de cette subrogation tacite n'était pas de transférer au subrogé l'hypothèque de la femme, mais seulement de lui conférer un droit d'antériorité relative. M. Armand Dalloz, en rapportant un des arrêts de Caen, dit que les deux systèmes se partagent les esprits (4). Je ne puis m'empêcher de donner la préférence à la doctrine des arrêts des Cours de Caen et de Paris, car la jurisprudence contraire me paraît être à l'état d'insurrection flagrante contre tous les errements de l'ancienne doctrine.

Dans le droit romain, cette matière est l'objet de textes précis.

Il s'agit, en effet, de savoir quelles sont les conséquences juridiques du consentement donné par un créancier hypothécaire à un nouvel engagement, de la même nature, consenti en faveur d'un nouveau créancier.

Sur ce point important, les Pandectes nous présen-

(1) Devillencuve et Carrette, 1851, I, pag. 521 et suiv.

(2) Devillencuve et Carrette, 1853, II. M. Duranton, tom. XX, n° 301, et M. Mourlon, pag. 612, sont favorables à cette jurisprudence.

(3) M. Bertauld, *dicto loco*, n° 21.

(4) 1854, II, pag. 20.

tent deux fragments. Le premier est émané du jurisconsulte Marcien, décidant qu'il s'agit d'une question de fait plutôt que d'une question de droit, et qu'il faut examiner si, d'après les circonstances, l'intention du nouveau créancier avait été, en donnant son consentement, de renoncer à son hypothèque d'une manière absolue, ou seulement de céder son rang au nouveau créancier, sans néanmoins remettre son hypothèque. *Si tecum de hypothecâ paciscatur debitor, deinde idem cum alio tuâ voluntate; secundus potior erit : pecuniâ autem solutâ secundo, an rursus teneatur tibi, recte quæritur? Erit autem facti questio agitanda, quid inter eos actum sit : utrum ut discedatur ab hypothecâ in totum, cum prior concessit creditor alii obligari hypothecam : an ut ordo servetur, et prior creditor secundo loco constituatur* (1). Le second fragment est du jurisconsulte Paul, qui décide que, dans ce cas, le créancier est censé avoir fait remise absolue de son hypothèque, sans que le nouveau créancier prenne sa place. *Paulus respondit Sempronium antiquiorem creditorem consentientem, cum debitor eamdem rem tertio creditori obligaret, jus suum pignoris remisisse videri, non etiam tertium in locum ejus successisse : et ideo medii creditoris meliorem causam effectam : idem observandum est et si respublica tertio loco crediderit* (2).

Ainsi, les deux jurisconsultes en dissentiment sur un point, en ce sens que Paul posait un principe général ou une présomption de droit commun là où Mar-

_____

(1) *Dig.*, liv. **XX**, tit. **IV**, fr. **12**, § 4.
(2) *Ibid.* tit. **VI**, fr. **12**.

cien ne voyait qu'une question de fait, étaient d'accord sur cet autre point, que l'hypothèque n'était pas transférée au nouveau créancier. Pour que l'hypothèque passât à un nouveau créancier, il fallait, comme le prouve l'ensemble des textes sur la matière hypothécaire, ou qu'un nouveau créancier eût stipulé le rang d'un créancier antérieur en acquittant sa créance, ou bien qu'il fût cessionnaire de la créance elle-même, ou considéré fictivement comme cessionnaire dans un des cas que nous qualifierions de cas de subrogation (1).

Dans l'ancien droit, quelques auteurs donnèrent la préférence à la règle posée par Paul. — De ce nombre était Doneau. D'autres citaient les deux lois sans leur donner de préférence, et laissaient pour ainsi dire les esprits libres d'opter pour l'un de ces systèmes. On distinguait parmi eux Voët et Pothier. Mais on comprend qu'aucun d'eux n'a songé à émettre une idée étrangère aux jurisconsultes romains, ni proposé de décider que le consentement du créancier le plus ancien à une seconde affectation hypothécaire, serait translatif de cette hypothèque en faveur de ce dernier. Pothier, dans ses doctrines du *Traité de l'hypothèque*, faisait une option qui ne se trouvait pas dans ses pandectes, et enseignait que, régulièrement, il fallait s'attacher à la présomption de Paul, sans néanmoins aller jusqu'à exclure la faculté pour le juge de recher-

---

(1) Fr. 12, § 8., *qui potior, in pignor.* — Fr. 36, *de fidejuss. et mandat.*

Vide Pothier, *Pandectes*, liv. XX, tit. IV, § 9, et plus généralement les titres des *Pandectes* et du *Code : De his qui in prior. loc. succedunt..... qui potior. in pignor.*

cher l'intention des parties, Basnage faisait la précision suivante :

« Pour concilier les opinions différentes des doc-
» teurs, l'on fait cette distinction : ou il paraît que le
» premier créancier n'a donné son consentement qu'en
» faveur du second, et, en ce cas, il ne perd qu'à son
» égard son privilége de priorité; ou bien le consente-
» ment a été général et indéfini, et il a laissé la liberté
» à son débiteur d'engager son bien, et, en ce cas, il
» est censé d'avoir remis tout son droit d'hypothèque :
» *in totum jus sui pignoris remisisse censetur* (1). »
Soulatges (2) se rattachait à cette distinction judicieuse
qui avait fini par prévaloir (3), car elle avait pour elle
la raison et l'autorité de Cujas (4).

Ainsi, dans les textes du droit romain, dans l'opinion
de ses interprètes, comme dans la doctrine des auteurs qui ont le plus approfondi sous l'ancien droit la
matière hypothécaire, on ne voit poindre nulle part
l'idée d'un transport de l'hypothèque virtuel et résultant
d'un consentement tacite donné par le créancier à une
nouvelle affectation hypothécaire. Le Code Napoléon au-
rait-il modifié ces principes en créant un nouveau système? Mais on ne trouve dans ses dispositions qu'un
seul texte, celui de l'art. 2180, n° 2, qui dispose que
l'hypothèque s'éteint par la renonciation du créancier.

(1) *Traité des hypothèques*, première partie, chap. XVII, pag. 89.

(2) *Traité des hypothèques*, pag. 286.

(3) Voir les auteurs cités dans Olea, tit. VI, quest. VI, n° 11; et
dans Merlinus *de pignoribus et hypothecis*, pag. 482.

(4) *Notæ ad. Liv. XVI, Digest.* Paul., tom. IV, 487. *Junge* son
commentaire de la *const. Jubemus*, 21, *ad sen. Vellig.*, IX,
col. 325.

Le Code ne considère donc la renonciation que comme un mode *d'extinction* et non comme un mode de *transmission*. Il est vrai que ce texte n'exclut pas la renonciation tacite (1), mais puisqu'il n'a précisé aucune règle sur les effets de cette renonciation, il s'en est sans doute rapporté aux théories du droit romain et de l'ancien droit.

En Allemagne, la controverse s'est ravivée sur les textes de Paul et de Marcien; les uns, par exemple Schilling (2) et Glück (3), se rangent du côté de la loi *Paulus*, sauf le cas où il résulterait des circonstances que le créancier a voulu seulement renoncer à son droit de priorité; les autres, tels que Vermehren et Mackeldey (4), modifiant la loi *creditor*, se prononcent pour la renonciation au rang d'antériorité seulement; mais, pas plus qu'autrefois, le germe des théories françaises actuelles ne s'y est produit. Plus récemment, le décret du 28 février 1852 sur le crédit foncier, malgré les rudes atteintes qu'il a apportées aux prérogatives de la femme mariée, n'admet pourtant pas le système de la subrogation tacite (art. 20).

N'est-il donc plus de règle que les droits ne se transmettent que par des modes certains et déterminés (Code Napoléon, 711)? que les subrogations légales, en prenant même ce mot *latissimo sensu*, sont de droit étroit?

(1) L'art. 210 de la loi de messidor an III, qui ne reconnaissait d'autre renonciation que les renonciations expresses, n'a pas été maintenu dans le Code.

(2) *Du droit de gage et d'hypothèque*, traduit par M. Pellat, pag. 112.

(3) Cité *ibidem*.

(4) *Systema juris Romani*, § 326. L'opinion de Vermehren s'y trouve citée.

S'il fallait présumer, dans le doute, une renonciation translative de l'hypothèque, faudrait-il choisir pour établir cette exception précisément la femme, que le législateur entend protéger d'une manière toute spéciale pour la conservation de ses hypothèques ? N'est-ce pas pour elle qu'avait été faite principalement la constitution *Jubemus*, 21, au Code, *ad senatusconsult. Velleian.* ? Or, cette constitution n'était pas une application de l'incapacité civile décrétée par le Velleien (car ce sénatus-consulte ne s'opposait pas à ce que la femme renonçât à son hypothèque, d'après la règle *remissio pignoris non est intercessio*) (1), elle était une solution de droit commun (2) applicable à la femme par majorité de raison à cause de son ignorance ordinaire des affaires civiles. Aussi, Barthole s'aidait-il de cette constitution pour décider, au sujet de la controverse sur les lois *Paulus et creditor*, que lorsque la renonciation était émanée d'une femme, on ne devait pas présumer la remise absolue de l'hypothèque, mais seulement la renonciation à son droit d'antériorité: *si sumus in muliere, dicendum est quod censeatur remittere jus suum quoad secundum creditorem tantum* (3).

(1) Cujas, tom. IV, col. 643, sur la loi 8 *ad senat. Velleian. Junge* M. Troplong, *priv. et hypoth.*, n° 506.

(2) Gabriel Mudœus en son *Traité des hypothèques* en faisait l'observation : *Qui mod. pig. vel hypoth. solvit.*, n° 16. Ce traité fait partie du *Tractatus tractatuum de pignoribus et hypothecis* (bibliothèque publique de Toulouse).

(3) Sur le titre du Code, *de remissione pignoris.* — Néguzantius aussi approuve cette doctrine (*de pignor. et hyp.*, pag. 160). Cancerius cite en ce sens un arrêt du tribunal suprême de Catalogne du 19 mars 1599 (*de renunciat.*, cap. XV, n° 119). — Le président Favre prof sa aussi cette doctrine (*Codex*, défin., 10, liv. VIII, tit. XV).

Il est vrai que nous avons partagé l'opinion de ceux qui considèrent la renonciation expresse comme translative, mais il y a une grande différence entre cette renonciation et la renonciation tacite. Dans la première, en effet, la femme parlant au contrat, *sur l'hypothèque*, il est bien difficile qu'elle puisse se faire illusion sur les effets de sa renonciation formelle, et qu'elle ne comprenne pas qu'elle s'est dessaisie du droit auquel elle renonce en faveur d'une autre. Mais quand elle garde le silence, comment préjuger de la même manière de sa volonté, celle-ci pouvant s'expliquer tout aussi bien par une simple renonciation à son droit de priorité, renonciation bien moins onéreuse que la renonciation transmissive? Ainsi, le président de Lamoignon proposait bien dans ses arrêtés de considérer la renonciation *in favorem* comme translative, mais il n'appliquait ce principe qu'à la renonciation *expresse* (1).

Dans le système contraire, on a beaucoup trop accordé à la circonstance prise de l'adhésion solidaire de la femme à l'affectation hypothécaire du mari; car, quelque énergique que soit le lien de cette adhésion, on reste toujours placé dans l'espèce prévue par les lois romaines déjà citées, c'est-à-dire dans les théories de la renonciation tacite; la femme n'ayant pas parlé au sujet de son hypothèque, il ne peut y avoir que renonciation tacite résultant du silence de la femme présente au contrat; or, ce silence ne peut avoir une vertu, une puissance translative de l'hypothèque.

Une autre cause principale de l'erreur dans laquelle on est tombé, provient de la traduction qu'on a donnée

____

(1) *De l'extinction des hypothèques*, tom. IV, pag. 206.

au mot *remissio* du droit romain auquel correspond le mot de renonciation ou de remise dans notre langue. Le jour où l'on a traduit le mot latin *remissio* par celui de *subrogation* qui nous vient du droit canonique (1), et auquel on attache l'idée d'une transmission, on a faussé tous les principes. Le mot subrogation est, en effet, comme on l'a vu, synonyme de cession. Subrogation et renonciation expresse *in favorem certæ personæ* sont, sans doute, synonymes ; mais subrogation et renonciation *tacite* ne le sont plus ; la renonciation tacite s'entendant très-bien, comme on l'a vu d'une simple *postposition* du rang, et non de la transmission du rang lui-même.

L'inexactitude du langage est donc la contre-épreuve décisive de l'inexactitude du système que je combats.

Il faut donc donner la préférence aux doctrines des Cours impériales de Paris et de Caen, qui se sont prononcées en faveur de la simple cession d'antériorité relative, doctrines seules conformes au droit romain, à notre ancienne jurisprudence française, à la philosophie du droit, aux vrais intérêts et aux intentions présumées de la femme (2) et à toutes les règles d'interprétation des contrats (3).

XXVII. Je remarquerai en terminant sur ce point : 1° que, d'après les formes, comme d'après les conditions où elle s'opère, cette cession d'antériorité a lieu

(1) Renusson, chap. I, n° 8.

(2) Dans ses observations sur le projet de réforme hypothécaire, la Faculté de droit de Caen voulait que cette interprétation fût élevée à la hauteur d'une présomption légale (M. Bertauld, pag. 73).

(3) Voir notamment les lois 20 *de reb. dub.* ; 172, *de reg. jur.* et l'art. 1162 du Code Napoléon.

exceptionnellement en faveur d'un créancier qui n'avait pas encore de rang ; 2° que le système de la subrogation tacite que je viens de combattre implique dans tous les cas, comme celui de la subrogation expresse, la faculté pourtant si vivement contestée de détacher l'hypothèque de la créance, et laisse subsister la question de l'existence d'un lien de subordination entre la créance de la femme et le rang résultant de l'hypothèque cédée ; 3° que cette subrogation tacite, si elle est validée, ne confère des droits au subrogé en cette qualité, taxativement que sur les biens que le mari a affectés hypothécairement par l'obligation à laquelle la femme a concouru (1).

XXVIII. La série des difficultés et des dangers que présente la pratique des cessions et subrogations expresses ou tacites est déjà bien longue, et pourtant elle n'est pas encore close. En effet, il est encore d'autres embarras et d'autres périls non moins graves qui viennent jeter du doute sur l'efficacité des garanties dont il s'agit et qui les ébranlent jusque dans leur base.

Voici à quel point de vue. Un créancier, par exemple, devient cessionnaire ou est subrogé ; — il remplit immédiatement toutes les formalités prescrites par l'art. 1690 pour obtenir la saisine à l'égard des tiers ; — il s'empresse de faire notifier son titre au débiteur cédé, si celui-ci n'a déjà accepté. — Il fait inscrire, au besoin, l'hypothèque cédée, et fait mentionner sa cession en marge de l'inscription. Eh bien ! je le demande, quand il a fait tout cela, quelle certi-

(1) M. Gauthier, n° 887.

tude a-t-il que les cessions ou subrogations de la nouvelle créance n'ont pas eu lieu antérieurement au profit d'autres créanciers, que ceux-ci n'ont pas rempli les formalités de l'art. 1690, alors qu'il est admis en doctrine que conformément aux principes généraux de la vente, la cession des droits incorporels pour être parfaite, n'exige pas la tradition dont ces droits sont susceptibles, je veux dire la remise des titres, et qu'à défaut l'acceptation du débiteur suffit ?

M. Troplong fait ressortir avec une grande force, dans la *préface* du *Traité des hypothèques* (1), les abus de cet état de choses, et tous les esprits, lors de l'élaboration du projet sur les hypothèques, se trouvèrent d'accord sur la nécessité d'y apporter un remède (2).

La manière de déterminer les rangs entre les divers cessionnaires a soulevé aussi de nombreux dissentiments, même dans le cas de la remise des titres à certains d'entre eux.

XXIX. Quand il s'agit de la cession-transport de créances hypothécaires, le rang du cessionnaire doit être sans doute fixé par le principe général posé en l'art. 1690 du Code Napoléon. La liaison de ce texte avec l'art. 1692 et ses origines provenant de l'art. 108 de la coutume de Paris, ne permettent pas d'en douter (3).

Mais quand il s'agit de la subrogation à l'hypothèque seulement, ou de la simple cession d'antériorité, essentiellement distinctes de la cession des créances,

(1) Pag. 80, première édition.
(2) Rapport de M. Bethmont, pag. 67.
(3) Arrêt de la Cour de Toulouse ci-dessus cité, pag. 14, note 3.

quelle règle à suivre ? Le classement doit-il avoir lieu d'après la date des notifications? ou bien d'après l'inscription prise par le subrogé? ou bien, enfin, par la date des cessions et subrogations ? Le mouvement général des esprits s'était sans doute prononcé en faveur du dernier point de départ, c'est-à-dire de la date des cessions (1); mais ce mouvement n'a pourtant pas suffi pour prévenir toutes les contestations à cet égard (2).

Résumé des principaux dangers et des principales difficultés que présente le système des cessions et subrogations expresses ou tacites.

XXX. En groupant les idées que nous venons d'exposer, et en y additionnant quelques précisions particulières, on peut présenter le tableau suivant :

1º Incertitude sur la disponibilité de la créance, ou possibilité de l'existence de cessions antérieures conférant des droits acquis à d'autres.

2º Inexistence juridique, selon moi, des cessions, renonciations ou subrogations aux créances de la femme en l'absence d'une juste cause d'aliénation, et empêchement à ce que les mêmes actes produisent subsidiairement des effets comme impignoration tacite.

3º Doutes des plus sérieux sur la légalité de l'expédient des obligations solidaires imposées à la femme pour aboutir à la subrogation tacite.

(1) *Vid.* les autorités citées par M. Gilbert, Code Napoléon annoté; art. 2135.

(2) Le procès jugé par l'arrêt de la Cour de Toulouse (note 3 de la page précédente) en fournit la preuve.

4º Doutes non moins graves sur la validité de la cession de l'hypothèque en général, et plus parculièrement de la cession de l'hypothèque légale de la femme mariée, faite indépendamment de la créance.

5º Embarras pour démêler, à travers la rédaction plus ou moins fautive des actes, les traités faits sur les créances de la femme et ceux qui ne portent que sur l'hypothèque légale, la cession de l'hypothèque légale de la simple cession d'antériorité ou postposition de rang.

6º Caractère précaire de la cession d'antériorité par suite de l'obligation où se trouve le bénéficiaire de prouver, au moment de la réalisation de son droit, la survivance des droits de la femme.

7º Raisons des plus sérieuses pour apprécier de la même manière, par des motifs analogues, les cessions de l'hypothèque.

XXXI. Ce n'est pas tout. Il s'est établi, récemment, sur la qualité en laquelle la femme mariée sous le régime de la communauté exerce ses reprises, soit quand elle accepte la communauté, soit quand elle y renonce, un conflit des plus graves dont la solution doit réagir d'une manière décisive sur les cessions et les subrogations. En effet, d'après la jurisprudence de la Cour de cassation sur ce conflit, jurisprudence qui va se fortifiant de jour en jour (1), la femme, soit acceptante, soit

(1) Cette Cour la encore confirmée par un arrêt du 2 janvier 1855 (Devilleneuve et Carrette, 1855, I, pag. 10 et 11). On trouve l'ensemble de la jurisprudence sur cette question dans le même recueil, 1851, II, pag. 207. — *Vide* aussi les nombreuses dissertations que contient sur ce point important la *Revue critique de législation* de MM. Pont et

renonçante, exerce ses reprises et prélèvements comme propriétaire et non pas comme créancière (art. 1470, 1471, 1483, 1493 Cod. Nap.)

Il suit de là, que l'effet des cessions et subrogations, tant expresses que tacites, à l'hypothèque légale, comme des simples cessions d'antériorité, se trouve anéanti au préjudice des bénéficiaires de ces cessions ou subrogations. La femme, en effet, étant considérée comme propriétaire des immeubles qu'elle prend en paiement de ses reprises, son hypothèque s'éteint de plein droit, nul ne pouvant avoir d'hypothèque sur sa propre chose (1). Or, les cessionnaires et les subrogés ne sauraient avoir plus de droit que les cédants ou subrogeants. La Cour de cassation a fait, en ce sens, l'application de sa jurisprudence par un arrêt notable du 1er août 1848 (2), auquel M. Troplong donne son adhésion (3). La Cour de Paris a consacré cette application par deux arrêts (4).

En présence de cette jurisprudence, quelle sécurité,

Wolowski, tom. III, pag. 316, et tom. IV, pag. 513 et suiv., tom. V, pag. 162 et suiv. Jung. M. le professeur Valette (journal *le Droit* du mois d'avril 1855).

(1) L. 45 *de divers. regul. jur. ant.* — Code Nap., art. 2177.

(2) Devilleneuve et Carrette, 1818, I, pag. 727.

(3) *Du contrat de mariage*, n° 1619. *Confer.* les observations qui y sont contenues avec celles de M. Bertauld, *de l'hypothèque légale de la femme mariée sur les conquêts de communauté*, n°s 35 et suiv.

Un arrêt de la chambre des requêtes du 21 mars 1855 a préjugé la question dans le sens de l'arrêt du 1er août 1848 (journal *le Droit*, du 30 mars 1855).

(4) 3 décembre 1818 et 31 mars 1833, rapportés à leur date dans le *Journal du Palais*. M. Gauthier (n° 590) mentionne le premier de ces arrêts.

je le demande, peut offrir le système des cessions et des subrogations, sous le régime de la communauté ?

XXXII. Encore une observation. Les cessions et subrogations se font, en général, en bloc, enveloppant tous les droits et toutes les reprises de la femme. Elles s'opèrent aussi, le plus souvent, sans aucune remise de titres. Cette manière de procéder engendre, de son côté, une foule d'inconvénients que je ferai ressortir dans ma troisième partie.

XXXIII. Jusqu'ici je n'ai considéré les cessions et subrogations que dans les rapports du cessionnaire ou du subrogé avec les subrogeants et les tiers. Mais il existe un autre aspect très important; c'est celui des complications que le système actuel jette dans les rapports pécuniaires des époux entre eux.

La cession de l'hypothèque légale ou la subrogation à cette hypothèque, étant opérée même en faveur d'une créance inférieure aux reprises de la femme, celle-ci est-elle dépouillée de son hypothèque légale pour le tout, ou jusqu'à concurrence seulement de la créance qu'elle a entendu garantir? Cette hypothèque n'est-elle éteinte en tout ou en partie que lorsque la cession ou subrogation ont fonctionné, c'est-à-dire lorsque le bénéficiaire les a utilisées pour se faire colloquer utilement dans l'ordre ouvert sur le prix des biens du mari ?

Quand il y a cession des reprises, que faut-il décider sur les mêmes points? Dans le système de ceux qui envisagent le traité de garantie comme une cession-transport plutôt qu'un nantissement, le cessionnaire qui n'a pas utilisé sa cession ou qui ne l'a utilisée qu'en partie, ne devra-t-il pas rétrocéder à la femme ses créances, pour que celle-ci puisse s'aider de son hypothèque? Cette rétrocession ne sera-t-elle pas nécessaire également, même dans le système de ceux qui n'envisagent comme moi la cession des reprises que comme une impignoration tacite, mais qui, contrairement à mon opinion, valident ce gage tacite, le créancier gagiste étant devenu, par l'effet de la cession, propriétaire nominal ou apparent des reprises de la femme? Telles sont quelques-unes des questions que provoque naturellement le système que j'examine et qui sont aussi importantes pour les époux, même pour les tiers, que susceptibles de donner lieu à de sérieuses difficultés (1).

XXXIV. Je n'ai pas tracé ici un tableau de fantaisie. Il n'est, comme on l'a vu, que l'image fidèle des dissentiments de la doctrine et des conflits de la jurisprudence.

Il est tellement fidèle, que lors de l'élaboration de la réforme hypothécaire, les Cours et les Facultés de droit s'occupèrent de cette matière d'une manière toute spéciale, et en firent l'objet de beaucoup de propositions et d'observations.

(1) Voir notamment sur ces difficultés M. Bertauld, *dict. loc.*, n°s 73 et suiv., et M. Gauthier, n° 887, et un arrêt de la Cour de Paris du 27 mai 1848. — Devilleneuve et Carrette, 40, 2, 283.

APPENDICE A LA PREMIÈRE PARTIE.

§ Ier.

Changements proposés à l'occasion des travaux de la réforme hypothécaire, pour obvier aux inconvénients des cessions, subrogations, etc., etc.

XXXV. Diverses propositions furent faites à cet égard :

1° Les unes tendaient à interdire à la femme le droit d'abdiquer son hypothèque légale, sans y être préalablement autorisée par la justice (1).

2° D'autres voulaient bien laisser à la femme la faculté de s'engager dans l'intérêt du mari; mais ils voulaient que toute cession de son hypothèque légale ne pût valoir que comme simple renonciation au droit de priorité sur le prix des immeubles en faveur du cessionnaire ou du créancier subrogé (2).

3° Les autres tendaient seulement à subordonner l'efficacité des subrogations, cessions ou renonciations, à des conditions de publicité, à la nécessité de l'inscription dont il a été déjà parlé.

4° On exposa encore des vues pour exiger que la

____

(1) C'était notamment l'opinion des Cours de Metz et de Pau, et de la Faculté de droit de Paris (documents déjà cités).

(2) C'était l'opinion de la Faculté de droit de Toulouse (pag. 50 de son rapport) et de la Faculté de droit de Caen (M. Bertauld, pag. 73).

femme ne pût céder ses hypothèques qu'à la condition de contracter une obligation personnelle (1).

5° Enfin, quelques opinions avaient pour but de faire donner législativement aux abdications du droit d'hypothèque par la femme, quelle que fût leur appellation, une portée toujours identique et absolument indépendante de la formule employée (2).

Lors de la seconde lecture du projet devant l'Assemblée législative, lecture qui fut le terme de cette discussion avortée, l'Assemblée avait adopté deux principes nouveaux à titre de réforme, tous deux formulés par l'art. 2115 du projet de la commission (3). La cession ne pouvait être faite que par contrat authentique, et ne pouvait être opposée aux tiers qu'à dater de la mention de la cession en marge de l'inscription.

L'authenticité exigée pour la validité des cessions introduisait un gage de protection au profit de la femme, mais sans faire cesser aucune des difficultés dont l'analyse précède ; comme la formalité de la mention des

---

(1) C'était l'opinion de la Faculté de droit de Strasbourg.

(2) C'était l'avis de la Faculté de droit de Rennes.

(3) Cet article, adopté dans la séance du 23 décembre 1851 (*Moniteur* du 24 décembre, col. 3804), était ainsi conçu : « Les femmes peuvent, » par acte authentique, céder leurs droits à l'hypothèque légale ou y re» noncer en faveur des tiers. Les créanciers, au profit desquels a été cédée » l'hypothèque légale, ne seront saisis du droit qui en résultera que par » la mention de la cession faite en marge de l'inscription de la femme.

« Les dates de ces mentions détermineront l'ordre dans lequel les ces» sionnaires exerceront les droits hypothécaires de la femme. »

On trouve, dans la *Gazette des Tribunaux* des 28 juin, 3 et 4 juillet 1851, un article sur la réforme hypothécaire, qui contient un exposé très-exact du projet au moment où on allait s'occuper, à l'Assemblée législative, de la troisième lecture.

cessions en marge de l'inscription rassurait les créanciers contre des cessions antérieures restées clandes-
tines, mais sans faire disparaître les autres embarras
qui ont été aussi mentionnés. Tous ces embarras
devaient naturellement survivre, puisque les projets de
réforme confirmaient le principe du système des subrogations *expresses* ou *tacites*.

§ II.

*Examen de la loi du 23 mars 1855 sur la transcription
en matière hypothécaire au point de vue des difficultés
qui précèdent.*

XXXVI. Quelles modifications ou améliorations cette
loi apporte-t-elle à l'état des choses que je viens de
constater ? Elle ne contient sur toute cette matière qu'un
seul article ; c'est l'art. 0, qui est ainsi conçu :

« Dans le cas où les femmes peuvent céder leur hy-
» pothèque légale ou y renoncer, cette cession ou cette
» renonciation doit être faite par acte authentique, et
» les cessionnaires n'en sont saisis, à l'égard des tiers,
» que par l'inscription de cette hypothèque prise à leur
» profit ou par la mention de la subrogation en marge
» de l'inscription préexistante. Les dates des inscrip-
» tions ou mentions déterminent l'ordre dans lequel
» ceux qui ont obtenu des cessions ou renonciations
» exercent les droits hypothécaires de la femme. »

Dans le projet présenté au Corps législatif par M. le
ministre d'Etat à la séance du 11 mai 1853, l'art. 11,
d'où est sorti l'art. 0 qui précède, était formulé de
la manière suivante :

« Les femmes ne peuvent céder leurs droits à l'hypo-
» thèque légale ou y renoncer que par acte authentique,
» et les cessionnaires n'en sont saisis, à l'égard des
» tiers, que par l'inscription de cette hypothèque prise
» à leur profit ou par la mention de la subrogation en
» marge de l'inscription préexistante.

» Les dates des inscriptions ou mentions déterminent
» l'ordre dans lequel ceux qui ont obtenu les cessions
» ou renonciations exercent les droits hypothécaires de
» la femme. »

Le sens en était expliqué en ces termes dans l'exposé
des motifs :

« On sait à quelles contestations a donné lieu l'exer-
» cice des droits hypothécaires de la femme par les
» créanciers subrogés, et quelles difficultés il a soule-
» vées. Il y est mis fin en donnant à la date des inscrip-
» tions ou mentions l'effet de régler l'ordre dans lequel
» seront admis les cessionnaires (1). »

D'un autre côté, dans le rapport de la commission,
fait par M. Debelleyme (Adolphe) dans la séance du
22 mai 1854, expliquant le changement de rédaction
apporté à l'art. 11 du projet devenu l'art. 9 de la loi,
on lit ce qui suit :

« La commission a fait subir à l'art. 11 un change-
» ment de rédaction tendant à bien établir que la loi
» actuelle n'a pas pour but de modifier en quoi que ce
» soit la législation relative aux droits de la femme
» mariée en matière de cession ou de renonciation à
» une hypothèque légale (2). »

(1) Du tirage à part, pag. 18.
(2) Du tirage à part, pag. 27.

Que résulte-t-il de là ? Que par son art. 9 la loi du 23 mars 1855 sur la transcription n'a eu qu'une intention, celle de s'assimiler et de consacrer les réformes que l'Assemblée législative avait déjà adoptées, en seconde lecture, par le vote de l'art. 2115 du projet de la commission (1).

La nouvelle loi reconnaît donc qu'on peut céder l'hypothèque légale, c'est-à-dire l'antériorité de rang (2); mais elle ne se prononce pas sur la question de la validité de la cession de l'hypothèque légale ou de la subrogation à cette hypothèque, que n'admettaient, comme on l'a vu, ni le Conseil d'Etat, ni l'Assemblée législative (3); elle ne se prononce pas d'avantage sur l'efficacité de ces cessions ou subrogations.

Il est non moins certain que, dans le système de la cession d'antériorité, les principes consacrés par la Cour de cassation sur les conditions auxquelles cette cession d'antériorité peut être utilisée conservent leur autorité (4), comme ceux qu'a sanctionnés la Cour impériale d'Orléans sur celles qui régissent la cession de l'hypothèque (5).

---

(1) *Vid.* cet article, ci-dessus pag. 74, note 3.

La loi sur la transcription n'est, dans son ensemble, que la sanction de quelques-unes des réformes admises par la même assemblée.

(2) Il est bien entendu aussi que la loi nouvelle n'apporte aucun obstacle aux échanges de rang résultant de l'échange des créances.

(3) *Vid.* ci-dessus, pag. 74, l'art. 2180 qui devait se combiner avec l'art. 2115.

(4) *Vid.* ci-dessus, pag. 41.

(5) *Vid.* ci-dessus, pag. 81.

SECONDE PARTIE.

EXPOSITION DU SYSTÈME PROPOSÉ POUR ÊTRE MIS A LA PLACE DES CESSIONS, SUBROGATIONS ET RENONCIATIONS.

XXXVII. Ce système, je l'ai déjà dit, est celui du nantissement de la créance sauvegardée par l'hypothèque légale. Pour mettre en relief le nantissement appliqué à l'objet dont il s'agit, j'aurai, par une combinaison de principes généraux du droit de gage avec les règles particulières au gage *secundùm subjectam materiam*, à parler : 1º des conditions requises pour sa validité; 2º de ses effets juridiques; 3º des mesures à prendre pour assurer son efficacité.

SECTION PREMIÈRE.

DES CONDITIONS REQUISES POUR LA VALIDITÉ DU NANTISSEMENT.

Ces conditions sont intrinsèques ou extrinsèques.

§ Ier.

Conditions intrinsèques.

XXXVIII. 1º La première de ces conditions est relative à la nature de l'objet qui doit lui servir d'assiette.

J'ai déjà remarqué que le nantissement ne pouvait porter que sur les créances elles-mêmes et non sur l'hypothèque qui, par sa nature de garantie purement accessoire (art. 2114, 2180, n° 1), n'est pas susceptible d'un droit exclusivement circonscrit dans le cercle de choses ayant une existence indépendante (1) et dont la tradition ou la quasi-tradition est possible (2071, 2072 et suiv.).

Cette précision me conduit naturellement à faire quelques observations sur les résultats que doit amener le parti que l'on prend au milieu des dissentiments qui se sont élevés dans la doctrine et la jurisprudence au sujet de la question, déjà mentionnée (2), de savoir à quel titre la femme qui accepte la communauté ou qui y renonce exerce ses prélèvements ou ses reprises.

Dans le système de ceux qui estiment que la femme n'a qu'un droit de créance, il est certain que les sommes à elle dues auront été valablement frappées d'un droit de nantissement, encore même qu'un immeuble lui fut donné en paiement, la nature d'un droit restant la même, quelle que soit la chose qui a été baillée en paiement (3).

Dans le système de ceux qui font dériver l'action en reprises d'un droit préexistant de propriété sur la chose prélevée, système adopté par la Cour de cassation et

(1) Quelques auteurs (M. Bertauld, n° 71) en donnent cette raison, que l'hypothèque, droit réel sur un *immeuble*, *est immobilière par l'objet auquel elle s'applique.* L'hypothèque est sans doute un droit réel ou absolu (2114); mais je ne connais pas de texte qui autorise à dire qu'elle soit un droit immobilier.

(2) *Vide* ci-dessus, pag. 69, note.

(3) *Vid.* M. Dalloz, R. P. 1851, II, pag. 1 et suiv.

par un grand nombre de Cours, il faudra distinguer : si la valeur reprise à titre de propriété est un meuble, le nantissement produira tous ses effets, car la créance aura toujours conservé sa nature mobilière ; que si, au contraire, cette valeur est un immeuble, le nantissement, qui ne peut exister taxativement que sur des choses mobilières (2072) (1), s'évanouira par la force des choses, car le droit de la femme aura été considéré comme étant immobilier *ab initio* (art. 883, 1470, 1476, 1494 (2)).

Le créancier nanti aura donc un grand intérêt, en usant du droit que lui confère l'art. 882 combiné avec l'art. 1476, de s'opposer au partage de la communauté, et d'intervenir dans ce partage pour y veiller à la conservation de ses droits (3), empêcher que la femme, pour faire évanouir le nantissement, fasse porter capricieusement et frauduleusement sa reprise sur des valeurs immobilières, et obtenir aussi que les prélèvements s'exercent dans l'ordre établi par l'art. 1471 du Code Napoléon. Si la femme est renonçante, le créancier sera protégé par les dispositions spéciales de l'art. 1464.

2° Par rapport à la capacité de la femme mariée, elle n'est subordonnée qu'aux conditions du droit commun de l'âge et de l'autorisation maritale nécessaires pour

---

(1) *Vid.* M. Troplong, *du Nantissement*, n. 205.

(2) Voir, en ce sens, les autorités citées, *ibidem*, et principalement l'arrêt de la Cour de cassation du 1er août 1818, en la cause Duhoulley. — Devilleneuve et Carrette, 1811, I, 727. *Conf.* les observations présentées surledit arrêt, par M. Bertauld, *de l'hypothèque des femmes mariées sur les conquêts de la communauté*, pag. 84 et suiv.; et par M. Troplong, *du contrat de mariage*, n° 1610 et suiv.

(3) Arrêt du 1er août 1818 cité dans la note précédente.

l'aliénation. On ne saurait exiger l'accomplissement des formalités prescrites par l'art. 2144 du Code Napoléon pour la restriction des hypothèques légales, parce qu'il est reçu en jurisprudence que l'art. 2144 n'est pas applicable quand la renonciation à l'hypothèque est faite plutôt dans l'intérêt des tiers que dans l'intérêt du mari. Or, l'intérêt des tiers est ici saillant (1).

Ce point me paraît être aujourd'hui placé à l'abri de de toute contestation.

§ II.

Conditions extrinsèques de la validité du nantissement par rapport aux tiers.

XXXIX. Ici il faut se reporter aux dispositions des art. 2074, 2075, 2076 du Code Napoléon. L'analyse de ces textes se résume en l'observation des formalités suivantes qui ont été déjà précédemment énoncées.

1º Rédaction d'un acte écrit contenant déclaration du nantissement de la créance affectée, laquelle devra être spécifiée par sa date, par sa quotité, ses causes et la nature du titre qui l'établit.

Il en sera de même de la créance pour sûreté de laquelle le nantissement est constitué.

Il faut avant tout que les tiers ne puissent pas être trompés.

La spécialité qui doit caractériser la chose affectée puise ses analogies dans l'art. 2129 du Code Napoléon,

______

(1) Voir M. Troplong, *des privilèges et hypothèques.* Commentaire de l'art. 2144 et les nombreux arrêts qui y sont cités.

et se trouve littéralement établie par les dispositions du § 1er de l'art. 2074 ainsi conçu : « Ce privilége n'a lieu » qu'autant qu'il y a un acte public ou sous seing » privé, dûment enregistré, contenant la déclaration » de la somme due, *ainsi que l'espèce et la nature des* » *choses remises en gage, ou un état annexé de leurs* » *qualité, poids et mesure.* » Les précisions que fait ce texte, rédigé en vue du gage des choses corporelles, précisions à l'exécution desquelles la jurisprudence tient la main avec fermeté (1), indiquent suffisamment ce qui doit être fait pour le gage des choses incorporelles, autant que le comporte la nature même des choses.

Il résulte suffisamment de là, que le nantissement ne saurait valablement être fait en bloc, *per aversionem* (comme disent les Romains), ni sur toutes les créances de la femme, ni sur une catégorie de créances, par exemple sur toutes les créances dotales (dans le cas où elles peuvent être frappées de nantissement) ou sur toutes les créances paraphernales; de telles formules seraient évidemment contraires au principe de la *spécialité* décrété par le § 1er de l'art. 2074.

M. Mourlon a examiné, à cet égard, les difficultés d'interprétation que de semblables nantissements pourraient rencontrer (2).

Pour moi, je n'y puis voir qu'un nantissement frappé de nullité comme étant destitué de la condition *de spécialité*. Comment, d'ailleurs, M. Mourlon comprend-il qu'un tel nantissement soit réalisable dans la pratique, en présence de l'obligation rigoureuse de la remise de

(1) *Vid.* les arrêts cités par M. Dalloz, *dict. loc.*, nos 92 et suiv.
(2) Pag. 570-577.

la grosse du titre de la créance ? Cette formalité substantielle n'implique-t-elle pas manifestement avec un nantissement complexe ?

2° enregistrement de l'acte de nantissement, s'il est sous seing privé (1).

3° Notification par le créancier nanti de l'acte de nantissement au débiteur. — Que si le débiteur est présent, ce qui arrivera presque toujours lorsqu'il s'agira du gage fourni dans l'intérêt du mari, l'acceptation de sa part tiendra lieu de signification, conformément aux dispositions du § 2 de l'art. 1690 combiné avec l'art. 2075.

4° Le transfert de la possession au créancier gagiste étant, comme on l'a déjà vu, de *l'essence* du nantissement (2), remise devra être faite au créancier nanti du titre constatant l'existence de la créance affectée. Quand il s'agit d'un gage corporel, c'est la chose elle-même qui doit être matériellement livrée à titre de gage ; quand il s'agit de choses incorporelles, la doctrine et la jurisprudence, interprétant les art. 2071 et 2076 par les art. 1607 et 1689, ont reconnu que la seule mise en possession possible consistait dans la remise du titre (3).

(1) Je suis du nombre de ceux qui pensent que la formalité de l'enregistrement pourrait être suppléée par les autres conditions dont parle l'art. 1328 du Code Napoléon ; mais, la question étant controversée, il serait imprudent de ne pas faire enregistrer l'acte. (Vid. M. Valette, *dict. loc.*, pag. 81 et 82.)

(2) Vid. *suprà*, pag. 31, et, dans M. Troplong, les origines, l'une saxonne, l'autre teutonique, des mots gage et nantissement (*du Nantissement*, n° 22). Vid. aussi sur le *namps*, Philippe de Beaumanoir, coutumes du Beauvoisis, chap. XXX et LV.

(3) La doctrine est constante sur ce point ; voir notamment Zacharie

Dans le droit romain, on procédait pour le gage des créances comme pour la *cessio nominis*. Le créancier gagiste était, comme le cessionnaire, constitué *procurator in rem suam* de la créance grevée du gage, et il était saisi de son droit par une dénonciation faite au débiteur du *nomen* engagé (1). Du temps du président Favre, la même formalité était suivie dans les pays pour lesquels il écrivait (2). Dans notre ancien droit, où le système romain de la personalité des obligations s'était, non pas sans doute effacé, mais affaibli, on exigea la remise des titres pour constituer, sinon la possession normale qui n'est pas possible, s'agissant de choses incorporelles (3), mais bien la *quasi-possession*; on exigea donc, comme on l'a vu, la remise des titres (4). C'est ce droit qu'a entendu consacrer le Code, sous le régime duquel la personnalité des obligations est encore plus affaiblie que dans l'ancien droit.

XL. Mais quelle espèce de titre devra remettre le créancier ? S'il est notarié, suffira-t-il qu'il en remette un simple extrait ou expédition, ou bien faudra-t-il qu'il en remette une grosse ? M. Mourlon estime qu'il suffira de la remise de l'extrait ou d'une expédition non exé-

---

et ses annotateurs, II, pag. 277, note 10; M. Valette, *Traité des privilèges et hypothèques*, I, pag. 82; M. Gauthier, pag. 87. Voir aussi M. Troplong, *du Nantissement*, commentaire de l'art. 2075. — Aix, 21 juillet 1842. Devilleneuve, 243, II, 199. Cassat., 11 juin 1846. *Ibid.*, 1846, I, 440. — Jung. M. Dalloz, *du Nantissement*, nos 135 et suiv.

(1) Mublembruck, *doctrina pandectorum scholarum in usum*, § 322, *de jure pignoris in re incorporali constituti*.

(2) Cod., liv. IV, tit. XV.

(3) Gaïus, II, 28

(4) *Supra*, pag. 26.

cutoire; je ne saurais partager cette opinion, sur ce point qui est capital, et j'estime sans hésitation que le gage ne sera valablement constitué que par la remise d'une grosse. Je me fonde sur les raisons suivantes :

1° Le vrai titre, le titre *optimo jure* de la créance, est dans la grosse. (Voir notamment les art. 1282, 1283, 1335 Code Napoléon, 585 Code de procédure).

2° D'après l'art. 2081, si la créance donnée en gage porte intérêts, le créancier a le droit de percevoir ces intérêts en les imputant sur ceux qui peuvent lui être dus. Or, comment fera-t-il des commandements et des poursuites, s'il n'est point armé d'un titre exécutoire? Et il faut remarquer que ce n'est pas seulement de sa part un *droit*, mais encore un *devoir* rigoureux, et que s'il néglige de les percevoir, il en sera responsable vis-à-vis du constituant, conformément aux règles générales de sa responsabilité édictée dans l'art 2080, § 1er du même Code, et qui ne sont au surplus, que confirmatives de l'ancien droit (1). Le constituant étant désarmé par la remise de la grosse, il est de toute justice que le créancier qui en est nanti, veille et agisse pour lui, d'autant que les intérêts se prescrivent par un temps fort court (2277).

3° Le constituant ne doit rien retenir de la possession qu'il remet à titre de gage; ce principe est nettement consacré par le droit romain, et notamment par les lois

(1) *Vide*, sur ce point, Doneau, *Tractatus de pignoribus atque hypothecis*, cap. IX, § 7 : *creditor judicio pigneratitio percipere fructus cogitur*; il se fonde sur la loi II, au Code, *de pigneratitiâ actione*. Cujas dit aussi : *creditor fructus percipere potest, imò si non percipiat, tenetur*; tom. IX, colonne 207.

9, § 2 et 35 *de pigneratitiâ actione vel contra*, et 66 *de usurp. et usucap.* Doneau résumait l'esprit de ces textes par ces observations substantielles : « *jus creditoris in* » *pignore duplex est, unum maxime pignori pro-* » *prie rem tenere, eique incumbere licere, donec pe-* » *cunia solvatur* (1). Cujas, développant le même esprit écrivait : « *Creditor rem pignori datam possidet* » *naturaliter et jure pignoris, et hæc igitur naturalis* » *possessio etiam non caret suo jure,* l. 3, 55, *ult. ff ad* » *exhib... Et si possidet rem ipsam, solus igitur, ut ante* » *constitui, quia scilicet eo animo debitor eam rem de-* » *dit creditori ut ipse possessionem dimitteret et eam in* » *creditorem transferret,* l. *cum et fortis,* 55. *ff. de* » *pig. act. Ergo per traditionem pignoris debitor, qui* » *id possidebat civiliter ut dominus, desiit possidere, et* » *creditor, cui traditum est id, incipit possidere natura-* » *liter. Excipitur causa usucapionis, propter quam* » *utilitatis ratione receptum est, ut debitor, licet om-* » *nino non possideat pignus, ut dixi, ad usucapionem* » *id possidere intelligatur, id est, ne usucapio cœpta* » *impediatur vel interrumpatur per possessionem, quæ* » *re ipsa et naturaliter est penes creditorem* (2). »

XLI. Ces principes sont certainement ceux du Code, car ils sont puisés dans la nature même du droit de gage. L'art. 2079 dit bien, que la possession dont il s'agit, n'est, dans la main du créancier, qu'un *dépôt* assurant son privilége; mais il en était de même dans le droit romain, car on a vu Cujas qualifier la possession du gagiste de possession *naturelle*, et pourtant il exi-

(1) *Tractatus de pignoribus atque hypothecis*, chap. IX, § 7.
(2) Cujas, tom. IX, colonne 1008.

geait qu'elle passât tout entière entre les mains du créancier. Dans l'ancien droit, Bouteiller qui a consacré plusieurs pages de sa *Somme rurale* au droit de gage, son annotateur Charondas (1), Brodeau en son commentaire 181 de la coutume de Paris, ont exposé des principes analogues.

Or, je le demande, peut-on dire que le constituant qui retient la grosse et ne remet qu'une simple expédition, a fait au créancier gagiste la tradition de tous les avantages de la possession naturelle, mais effective, à laquelle il a droit *jure pignoris*, qui, dans le droit romain, lui donnait l'exercice des interdits (2), et lui procurait une somme d'avantages suffisante pour que François Baudouin, dans le chapitre spécial qu'il consacre en son *Traité des hypothèques* (3) à la possession du créancier gagiste, enseignât que cette possession tenait quelque chose de la possession civile ?

En exigeant la dessaisine du constituant, dessaisine qui doit être complète et immédiate (4), et la saisine correspondante du gagiste, l'intention de la loi a été d'empêcher que le premier puisse tromper les tiers en leur affectant de nouveau la même chose à titre de gage (5); c'est ce que M. Troplong fait très-bien ressortir dans les termes suivants:

» A une raison de droit, se joint une raison de cré-

____

(1) Tit. CII.

(2) *Des droits de gage et d'hypothèque chez les Romains*, par Schilling, traduit par M. Pellat, pag. 90 et suiv.

(3) Chap. XV.

(4) M. Dalloz, n° 119, et les autorités par lui citées.

(5) Voir les motifs d'un arrêt de la Cour de Lyon du 31 janvier 1839; Devilleneuve et Carrette, 1839, 2e partie, pag. 837 et 838.

» dit privé qui a aussi sa valeur. Par sa dépossession,
» le débiteur fait sortir la chose de ses mains, et ce
» passage annonce aux tiers qui ont à traiter avec lui
» qu'il est appauvri de cette chose. Or, il est bon pour
» le commerce que ce déplacement ait une manifesta-
» tion sérieuse; il montre la mesure du crédit du débi-
» teur. Mais, où en serait-on, si le gage des choses
» mobilières pouvait se contracter sans tradition? Que
» de fraudes! Que de dissimulations! Que de mécomp-
» tes pour les tiers ? Nous disons donc deux choses:
» c'est qu'il faut que le débiteur se dessaisisse, et que
» de plus, il doit se dessaisir ostensiblement, fran-
» chement, sans détour captieux, sans les combinai-
» sons astucieuses qui trompent les tiers sur le véritable
» possesseur de la chose (1). »

Ce but est pleinement atteint dans le gage des choses corporelles, la possession passant d'une manière
palpable et visible entre les mains du gagiste. Or, le
gage des choses incorporelles ayant été introduit dans
le droit par une extension ou imitation du premier,
sous la protection du prêteur, il faut qu'il lui res-
semble autant que la nature des choses le permet. —
Il faut donc exiger la remise de la grosse, les notaires n'en pouvant délivrer qu'une seule, à peine de
destitution, sauf le cas exceptionnel de la permission
accordée par le président du tribunal de première instance (art. 26 de la loi du 25 ventôse an XI, Code de
procédure, art. 844). S'il suffisait de remettre un extrait ou expédition, dont les notaires peuvent délivrer

(1) *Du Nantissement*, n° 298. — M. Dalloz, n° 110.

indéfiniment des exemplaires, le même but ne serait évidemment pas rempli (1).

C'est donc avec raison que la Cour de cassation a jugé la question en ce sens par un arrêt du 19 juin 1848, rendu en la cause des créanciers du sieur Odon Rech, de Montpellier (2). Les mêmes raisons doivent faire étendre cette solution aux jugements liquidant les reprises de la femme (C. P., art. 853 et 854).

XLII. Lorsque les droits et reprises de la femme seront établis par le contrat de mariage ou par un acte notarié postérieur, il n'y aura donc pas de difficulté pour constituer le nantissement; la grosse de ces actes sera remise au créancier.

Il en sera de même de la remise de la grosse, c'est-à-dire de la première expédition exécutoire des jugements, lorsque les reprises de la femme auront été constatées judiciairement.

Si les titres de la femme sont sous seing privé, ce sera le titre original lui-même qui devra nécessaire-

(1) M. Mourlon fait, sur ce point (pag. 572, note 1), une observation que je ne puis laisser sans réponse : « Après avoir délivré une grosse, » dit-il, le notaire pourra délivrer une expédition ; la femme pourra » donc toujours se créer facilement de nouveaux titres. A quoi sert alors » la remise de ce qu'elle a laissé au créancier gagiste ? » Je réponds que la remise de la grosse sert à constituer légalement le droit de gage, et que les créanciers qui se contenteront plus tard de la remise d'une simple expédition, resteront en dehors des conditions vitales du nantissement; d'où il suit que, si la femme se crée ainsi de nouveaux titres, ce ne sera qu'à l'égard des créanciers mal avisés, auxquels on opposera la maxime : *Volenti non fit injuria.*

(2) Devilleneuve et Carrette, 1848, 1, pag. 170. M. Armand Dalloz s'est aussi prononcé en ce sens dans l'annotation d'un arrêt de la Cour de Bourges, *Recueil périodique*, 1831, deuxième partie, pag. 125. *Confer.* *Répert.*, nouvelle édition, nos 136 et suiv., et les arrêts cités.

ment être remis en nantissement. — Toutefois, les nombreux désavantages inhérents aux actes sous seing privé, les contestations fréquentes dont ils sont le sujet, sans parler des vérifications d'écritures, les chances que court le détenteur de les perdre ou de les égarer, recommandent vivement au créancier d'exiger que le caractère de l'authenticité soit communiqué à ces actes, et d'obtenir ainsi une grosse du titre devenu authentique.

Il arrive bien souvent que les droits de la femme, nés après la célébration du mariage, ne sont établis par aucun titre écrit; dans tous ces cas, par la force même des choses, le procédé du nantissement ne pourrait pas être employé (1). Mais remarquons que cet obstacle pourra être facilement levé; en effet, dans le plus grand nombre de cas, c'est le mari ou ses héritiers qui sont intéressés au nantissement. Ils constateront donc les reprises de la femme par un acte, qu'il importe autant que possible, je viens de le dire, de rédiger en la forme authentique; car qui veut la fin veut les moyens, et le créancier pourra être immédiatement nanti.

Ainsi, le mari a reçu le prix des biens paraphernaux de sa femme; il a profité des deniers qui lui sont échus dans une succession, de l'émolument d'une donation qui lui a été faite; la femme s'est obligée solidairement avec lui, ce qui l'a rendu son débiteur en une indemnité (art. 1431 et 2135). Pourquoi se refuserait-il, lui ou ses héritiers, de reconnaître ces dettes, reprises ou indemnités?

(1) M. Troplong, *du Nantissement*, n° 278. Cassat., 11 juin 1816, Devilleneuve, 1816, 1, 411. M. Dalloz, n° 142.

Quand la femme est devenue créancière de son mari dans les conditions de l'art. 1431, ou bien lorsqu'elle peut invoquer contre lui la présomption de l'art. 1450, § 2, que la jurisprudence étend avec raison à tous les régimes matrimoniaux (1), ou celle de l'art. 1569, une reconnaissance particulière sera nécessaire de la part du mari ou de ses héritiers; car, sans cela, comment le créancier pourrait-il être saisi d'une grosse du titre?

XLIII. En constatant et liquidant les créances et reprises de la femme, les parties ne devront pas oublier que cette constatation et cette liquidation pourront être un jour contestées par les autres créanciers. Il importera donc que les reprises de la femme y restent sévèrement maintenues dans leurs véritables limites, et qu'elles n'y soient nullement exagérées; en d'autres termes, il importe que ce règlement se fasse de bonne foi et sans fraude.

Le créancier qui acceptera ces créances en nantissement, toujours placé en présence de la règle *nemo plus juris in alium transferre potest quàm ipse habet*, est plus intéressé que tout autre à contrôler, pour prévenir des mécomptes ultérieurs, la manière dont les choses se sont passées sur ce point.

Je ferai observer ici que, pour éviter toute équivoque sur la saisine ou possession du créancier nanti (2070), possession qui ne doit être ni ambiguë ni incertaine, afin que les tiers ne puissent pas être induits en erreur (2), il conviendra que l'acte authentique, des-

---

(1) Voyez les diverses autorités citées, sur ce point, par M. Gilbert en son Code civil annoté, sur l'art. 1450, et la *Revue critique de jurisprudence*, livraison de mars et avril 1855, pag. 200 et suiv.

(2) M. Dalloz, *dict. loc.*, n° 209.

SECONDE PARTIE.

EXPOSITION DU SYSTÈME PROPOSÉ POUR ÊTRE MIS A LA PLACE DES CESSIONS, SUBROGATIONS ET RENONCIATIONS.

XXXVII. Ce système, je l'ai déjà dit, est celui du nantissement de la créance sauvegardée par l'hypothèque légale. Pour mettre en relief le nantissement appliqué à l'objet dont il s'agit, j'aurai, par une combinaison de principes généraux du droit de gage avec les règles particulières au gage *secundùm subjectam materiam*, à parler : 1º des conditions requises pour sa validité; 2º de ses effets juridiques; 3º des mesures à prendre pour assurer son efficacité.

SECTION PREMIÈRE.

DES CONDITIONS REQUISES POUR LA VALIDITÉ DU NANTISSEMENT.

Ces conditions sont intrinsèques ou extrinsèques.

§ Ier.

Conditions intrinsèques.

XXXVIII. 1º La première de ces conditions est relative à la nature de l'objet qui doit lui servir d'assiette.

J'ai déjà remarqué que le nantissement ne pouvait porter que sur les créances elles-mêmes et non sur l'hypothèque qui, par sa nature de garantie purement accessoire (art. 2114, 2180, n° 1), n'est pas susceptible d'un droit exclusivement circonscrit dans le cercle de choses ayant une existence indépendante (1) et dont la tradition ou la quasi-tradition est possible (2071, 2072 et suiv.).

Cette précision me conduit naturellement à faire quelques observations sur les résultats que doit amener le parti que l'on prend au milieu des dissentiments qui se sont élevés dans la doctrine et la jurisprudence au sujet de la question, déjà mentionnée (2), de savoir à quel titre la femme qui accepte la communauté ou qui y renonce exerce ses prélèvements ou ses reprises.

Dans le système de ceux qui estiment que la femme n'a qu'un droit de créance, il est certain que les sommes à elle dues auront été valablement frappées d'un droit de nantissement, encore même qu'un immeuble lui fut donné en paiement, la nature d'un droit restant la même, quelle que soit la chose qui a été baillée en paiement (3).

Dans le système de ceux qui font dériver l'action en reprises d'un droit préexistant de propriété sur la chose prélevée, système adopté par la Cour de cassation et

(1) Quelques auteurs (M. Bertauld, n° 71) en donnent cette raison, que l'hypothèque, droit réel sur un immeuble, est immobilière par l'objet auquel elle s'applique. L'hypothèque est sans doute un droit réel ou absolu (2114); mais je ne connais pas de texte qui autorise à dire qu'elle soit un droit immobilier.

(2) Vide ci-dessus, pag. 69, note.

(3) Vid. M. Dalloz, R. P. 1851, II, pag. 1 et suiv.

par un grand nombre de Cours, il faudra distinguer : si la valeur reprise à titre de propriété est un meuble, le nantissement produira tous ses effets, car la créance aura toujours conservé sa nature mobilière ; que si, au contraire, cette valeur est un immeuble, le nantissement, qui ne peut exister taxativement que sur des choses mobilières (2072) (1), s'évanouira par la force des choses, car le droit de la femme aura été considéré comme étant immobilier *ab initio* (art. 883, 1470, 1476, 1494 (2)).

Le créancier nanti aura donc un grand intérêt, en usant du droit que lui confère l'art. 882 combiné avec l'art. 1470, de s'opposer au partage de la communauté, et d'intervenir dans ce partage pour y veiller à la conservation de ses droits (3), empêcher que la femme, pour faire évanouir le nantissement, fasse porter capricieusement et frauduleusement sa reprise sur des valeurs immobilières, et obtenir aussi que les prélèvements s'exercent dans l'ordre établi par l'art. 1471 du Code Napoléon. Si la femme est renonçante, le créancier sera protégé par les dispositions spéciales de l'art. 1404.

2° Par rapport à la capacité de la femme mariée, elle n'est subordonnée qu'aux conditions du droit commun de l'âge et de l'autorisation maritale nécessaires pour

(1) *Vid.* M. Troplong, *du Nantissement*, no 208.

(2) Voir, en ce sens, les autorités citées, *ibidem*, et principalement l'arrêt de la Cour de cassation du 1er août 1818, en la cause Duhoulley. — Devilleneuve et Carrette, 1811, I, 727. *Conf.* les observations présentées surledit arrêt, par M. Bertauld, *de l'hypothèque des femmes mariées sur les conquêts de la communauté*, pag. 81 et suiv.; et par M. Troplong, *du contrat de mariage*, no 1610 et suiv.

(3) Arrêt du 1er août 1818 cité dans la note précédente.

l'aliénation. On ne saurait exiger l'accomplissement des formalités prescrites par l'art. 2144 du Code Napoléon pour la restriction des hypothèques légales, parce qu'il est reçu en jurisprudence que l'art. 2144 n'est pas applicable quand la renonciation à l'hypothèque est faite plutôt dans l'intérêt des tiers que dans l'intérêt du mari. Or, l'intérêt des tiers est ici saillant (1).

Ce point me paraît être aujourd'hui placé à l'abri de de toute contestation.

§ II.

Conditions extrinsèques de la validité du nantissement par rapport aux tiers.

XXXIX. Ici il faut se reporter aux dispositions des art. 2074, 2075, 2076 du Code Napoléon. L'analyse de ces textes se résume en l'observation des formalités suivantes qui ont été déjà précédemment énoncées.

1º Rédaction d'un acte écrit contenant déclaration du nantissement de la créance affectée, laquelle devra être spécifiée par sa date, par sa quotité, ses causes et la nature du titre qui l'établit.

Il en sera de même de la créance pour sûreté de laquelle le nantissement est constitué.

Il faut avant tout que les tiers ne puissent pas être trompés.

La spécialité qui doit caractériser la chose affectée puise ses analogies dans l'art. 2120 du Code Napoléon,

_____

(1) Voir M. Troplong, *des privilèges et hypothèques.* Commentaire de l'art. 2144 et les nombreux arrêts qui y sont cités.

et se trouve littéralement établie par les dispositions du § 1er de l'art. 2074 ainsi conçu : « Ce privilége n'a lieu » qu'autant qu'il y a un acte public ou sous seing » privé, dûment enregistré, contenant la déclaration » de la somme due, *ainsi que l'espèce et la nature des* » *choses remises en gage, ou un état annexé de leurs* » *qualité, poids et mesure.* » Les précisions que fait ce texte, rédigé en vue du gage des choses corporelles, précisions à l'exécution desquelles la jurisprudence tient la main avec fermeté (1), indiquent suffisamment ce qui doit être fait pour le gage des choses incorporelles, autant que le comporte la nature même des choses.

Il résulte suffisamment de là, que le nantissement ne saurait valablement être fait en bloc, *per aversionem* (comme disent les Romains), ni sur toutes les créances de la femme, ni sur une catégorie de créances, par exemple sur toutes les créances dotales (dans le cas où elles peuvent être frappées de nantissement) ou sur toutes les créances paraphernales; de telles formules seraient évidemment contraires au principe de la *spécialité* décrété par le § 1er de l'art. 2074.

M. Mourlon a examiné, à cet égard, les difficultés d'interprétation que de semblables nantissements pourraient rencontrer (2).

Pour moi, je n'y puis voir qu'un nantissement frappé de nullité comme étant destitué de la condition *de spécialité.* Comment, d'ailleurs, M. Mourlon comprend-il qu'un tel nantissement soit réalisable dans la pratique, en présence de l'obligation rigoureuse de la remise de

(1) *Vid.* les arrêts cités par M. Dalloz, *dict. loc.*, nos 92 et suiv.
(2) Pag. 850-877.

la grosse du titre de la créance ? Cette formalité substantielle n'implique-t-elle pas manifestement avec un nantissement complexe ?

2° enregistrement de l'acte de nantissement, s'il est sous seing privé (1).

3° Notification par le créancier nanti de l'acte de nantissement au débiteur. — Que si le débiteur est présent, ce qui arrivera presque toujours lorsqu'il s'agira du gage fourni dans l'intérêt du mari, l'acceptation de sa part tiendra lieu de signification, conformément aux dispositions du § 2 de l'art. 1690 combiné avec l'art. 2075.

4° Le transfert de la possession au créancier gagiste étant, comme on l'a déjà vu, de *l'essence* du nantissement (2), remise devra être faite au créancier nanti du titre constatant l'existence de la créance affectée. Quand il s'agit d'un gage corporel, c'est la chose elle-même qui doit être matériellement livrée à titre de gage ; quand il s'agit de choses incorporelles, la doctrine et la jurisprudence, interprétant les art. 2071 et 2075 par les art. 1607 et 1689, ont reconnu que la seule mise en possession possible consistait dans la remise du titre (3).

(1) Je suis du nombre de ceux qui pensent que la formalité de l'enregistrement pourrait être suppléée par les autres conditions dont parle l'art. 1328 du Code Napoléon ; mais, la question étant controversée, il serait imprudent de ne pas faire enregistrer l'acte. (*Vid.* M. Valette, *dict. loc.*, pag. 81 et 82.)

(2) *Vid. suprà*, pag. 31, et, dans M. Troplong, les origines, l'une saxonne, l'autre teutonique, des mots gage et nantissement (*du Nantissement*, n° 22). *Vid.* aussi sur le *namps*, Philippe de Beaumanoir, coutumes du Beauvoisis, chap. XXX et LV.

(3) La doctrine est constante sur ce point ; voir notamment Zacharia

Dans le droit romain, on procédait pour le gage des créances comme pour la *cessio nominis*. Le créancier gagiste était, comme le cessionnaire, constitué *procurator in rem suam* de la créance grevée du gage, et il était saisi de son droit par une dénonciation faite au débiteur du *nomen* engagé (1). Du temps du président Favre, la même formalité était suivie dans les pays pour lesquels il écrivait (2). Dans notre ancien droit, où le système romain de la personalité des obligations s'était, non pas sans doute effacé, mais affaibli, on exigea la remise des titres pour constituer, sinon la possession normale qui n'est pas possible, s'agissant de choses incorporelles (3), mais bien la *quasi-possession*; on exigea donc, comme on l'a vu, la remise des titres (4). C'est ce droit qu'a entendu consacrer le Code, sous le régime duquel la personnalité des obligations est encore plus affaiblie que dans l'ancien droit.

XL. Mais quelle espèce de titre devra remettre le créancier ? S'il est notarié, suffira-t-il qu'il en remette un simple extrait ou expédition, ou bien faudra-t-il qu'il en remette une grosse ? M. Mourlon estime qu'il suffira de la remise de l'extrait ou d'une expédition non exé-

et ses annotateurs, II, pag. 277, note 10; M. Valette, *Traité des priviléges et hypothèques*, I, pag. 82; M. Gauthier, pag. 87. Voir aussi M. Troplong, *du Nantissement*, commentaire de l'art. 2075. — Aix, 21 juillet 1842. Devilleneuve, 243, II, 199. Cassat., 11 juin 1810. *Ibid.*, 1810, I, 416. — Jung. M. Dalloz, *du Nantissement*, nos 135 et suiv.

(1) Muhlembruck, *doctrina pandectorum scholarum in usum*; § 322, *de jure pignoris in re incorporali constituti.*

(2) Cod., liv. IV, tit. XV.

(3) Gaïus, II, 28

(4) *Suprà*, pag. 20.

cutoire; je ne saurais partager cette opinion, sur ce point qui est capital, et j'estime sans hésitation que le gage ne sera valablement constitué que par la remise d'une grosse. Je me fonde sur les raisons suivantes:

1º Le vrai titre, le titre *optimo jure* de la créance, est dans la grosse. (Voir notamment les art. 1282, 1283, 1335 Code Napoléon, 585 Code de procédure).

2º D'après l'art. 2081, si la créance donnée en gage porte intérêts, le créancier a le droit de percevoir ces intérêts en les imputant sur ceux qui peuvent lui être dus. Or, comment fera-t-il des commandements et des poursuites, s'il n'est point armé d'un titre exécutoire? Et il faut remarquer que ce n'est pas seulement de sa part un *droit*, mais encore un *devoir* rigoureux, et que s'il néglige de les percevoir, il en sera responsable vis-à-vis du constituant, conformément aux règles générales de sa responsabilité édictée dans l'art 2080, § 1er du même Code, et qui ne sont au surplus, que confirmatives de l'ancien droit (1). Le constituant étant désarmé par la remise de la grosse, il est de toute justice que le créancier qui en est nanti, veille et agisse pour lui, d'autant que les intérêts se prescrivent par un temps fort court (2277).

3º Le constituant ne doit rien retenir de la possession qu'il remet à titre de gage; ce principe est nettement consacré par le droit romain, et notamment par les lois

(1) *Vide*, sur ce point, Donean, *Tractatus de pignoribus atque hypothecis*, cap. IX, § 7 : *creditor judicio pigneratitio percipere fructus cogitur ;* il se fonde sur la loi 11, au Code, *de pigneratitid actione.* Cujas dit aussi : *creditor fructus percipere potest, imò si non percipiat, tenetur ;* tom. IX, colonne 207.

9, § 2 et 35 *de pigneratitiâ actione vel contra*, et 66 *de usurp. et usucap*. Doneau résumait l'esprit de ces textes par ces observations substantielles : « *jus creditoris in* » *pignore duplex est, unum maxime pignori pro-* » *prie rem tenere, eique incumbere licere, donec pe-* » *cunia solvatur* (1). Cujas, développant le même esprit écrivait : « *Creditor rem pignori datam possidet* » *naturaliter et jure pignoris, et hæc igitur naturalis* » *possessio etiam non caret suo jure, l. 3, 55, ult. ff ad* » *exhib... Et si possidet rem ipsam, solus igitur, ut ante* » *constitui, quia scilicet eo animo debitor eam rem de-* » *dit creditori ut ipse possessionem dimitteret et eam in* » *creditorem transferret, l. cum et fortis, 55. ff. de* » *pig. act. Ergo per traditionem pignoris debitor, qui* » *id possidebat civiliter ut dominus, desiit possidere, et* » *creditor, cui traditum est id, incipit possidere natura-* » *liter. Excipitur causa usucapionis, propter quam* » *utilitatis ratione receptum est, ut debitor, licet om-* » *nino non possideat pignus, ut dixi, ad usucapionem* » *id possidere intelligatur, id est, ne usucapio cœpta* » *impediatur vel interrumpatur per possessionem, quæ* » *re ipsa et naturaliter est penes creditorem* (2). »

XLI. Ces principes sont certainement ceux du Code, car ils sont puisés dans la nature même du droit de gage. L'art. 2079 dit bien, que la possession dont il s'agit, n'est, dans la main du créancier, qu'un *dépôt* assurant son privilége; mais il en était de même dans le droit romain, car on a vu Cujas qualifier la possession du gagiste de possession *naturelle*, et pourtant il exi-

(1) *Tractatus de pignoribus atque hypothecis*, chap. IX, § 7.
(2) Cujas, tom. IX, colonne 1003.

geait qu'elle passât tout entière entre les mains du créancier. Dans l'ancien droit, Bouteiller qui a consacré plusieurs pages de sa *Somme rurale* au droit de gage, son annotateur Charondas (1), Brodeau en son commentaire 181 de la coutume de Paris, ont exposé des principes analogues.

Or, je le demande, peut-on dire que le constituant qui retient la grosse et ne remet qu'une simple expédition, a fait au créancier gagiste la tradition de tous les avantages de la possession naturelle, mais effective, à laquelle il a droit *jure pignoris*, qui, dans le droit romain, lui donnait l'exercice des interdits (2), et lui procurait une somme d'avantages suffisante pour que François Baudouin, dans le chapitre spécial qu'il consacre en son *Traité des hypothèques* (3) à la possession du créancier gagiste, enseignât que cette possession tenait quelque chose de la possession civile ?

En exigeant la dessaisine du constituant, dessaisine qui doit être complète et immédiate (4), et la saisine correspondante du gagiste, l'intention de la loi a été d'empêcher que le premier puisse tromper les tiers en leur affectant de nouveau la même chose à titre de gage (5); c'est ce que M. Troplong fait très-bien ressortir dans les termes suivants:

» A une raison de droit, se joint une raison de cré-

(1) Th. CII.

(2) *Des droits de gage et d'hypothèque chez les Romains*, par Schilling, traduit par M. Pellat, pag. 90 et suiv.

(3) Chap. XV.

(4) M. Dalloz, n° 119, et les autorités par lui citées.

(5) Voir les motifs d'un arrêt de la Cour de Lyon du 31 janvier 1830; Devilleneuve et Carrette, 1830, 2ᵉ partie, pag. 837 et 838.

» dit privé qui a aussi sa valeur. Par sa dépossession,
» le débiteur fait sortir la chose de ses mains, et ce
» passage annonce aux tiers qui ont à traiter avec lui
» qu'il est appauvri de cette chose. Or, il est bon pour
» le commerce que ce déplacement ait une manifesta-
» tion sérieuse; il montre la mesure du crédit du débi-
» teur. Mais, où en serait-on, si le gage des choses
» mobilières pouvait se contracter sans tradition? Que
» de fraudes! Que de dissimulations! Que de mécomp-
» tes pour les tiers? Nous disons donc deux choses:
» c'est qu'il faut que le débiteur se dessaisisse, et que
» de plus, il doit se dessaisir ostensiblement, fran-
» chement, sans détour captieux, sans les combinai-
» sons astucieuses qui trompent les tiers sur le véritable
» possesseur de la chose (1). »

Ce but est pleinement atteint dans le gage des choses corporelles, la possession passant d'une manière
palpable et visible entre les mains du gagiste. Or, le
gage des choses incorporelles ayant été introduit dans
le droit par une extension ou imitation du premier,
sous la protection du préteur, il faut qu'il lui res-
semble autant que la nature des choses le permet. —
Il faut donc exiger la remise de la grosse, les notaires n'en pouvant délivrer qu'une seule, à peine de
destitution, sauf le cas exceptionnel de la permission
accordée par le président du tribunal de première instance (art. 20 de la loi du 25 ventôse an XI, Code de
procédure, art. 844). S'il suffisait de remettre un extrait ou expédition, dont les notaires peuvent délivrer

____

(1) *Du Nantissement*, n° 298. — M. Dalloz, n° 119.

indéfiniment des exemplaires, le même but ne serait évidemment pas rempli (1).

C'est donc avec raison que la Cour de cassation a jugé la question en ce sens par un arrêt du 19 juin 1848, rendu en la cause des créanciers du sieur Odon Rech, de Montpellier (2). Les mêmes raisons doivent faire étendre cette solution aux jugements liquidant les reprises de la femme (C. P., art. 853 et 854).

XLII. Lorsque les droits et reprises de la femme seront établis par le contrat de mariage ou par un acte notarié postérieur, il n'y aura donc pas de difficulté pour constituer le nantissement; la grosse de ces actes sera remise au créancier.

Il en sera de même de la remise de la grosse, c'est-à-dire de la première expédition exécutoire des jugements, lorsque les reprises de la femme auront été constatées judiciairement.

Si les titres de la femme sont sous seing privé, ce sera le titre original lui-même qui devra nécessaire-

(1) M. Mourlon fait, sur ce point (pag. 572, note 1), une observation que je ne puis laisser sans réponse : « Après avoir délivré une grosse, » dit-il, le notaire pourra délivrer une expédition ; la femme pourra » donc toujours se créer facilement de nouveaux titres. A quoi sert alors » la remise de ce qu'elle a laissé au créancier gagiste ? » Je réponds que la remise de la grosse sert à constituer légalement le droit de gage, et que les créanciers qui se contenteront plus tard de la remise d'une simple expédition, resteront en dehors des conditions vitales du nantissement; d'où il suit que, si la femme se crée ainsi de nouveaux titres, ce ne sera qu'à l'égard des créanciers mal avisés, auxquels on opposera la maxime : *Volenti non fit injuria.*

(2) Devilleneuve et Carrette, 1818, I, pag. 470. M. Armand Dalloz s'est aussi prononcé en ce sens dans l'annotation d'un arrêt de la Cour de Bourges, *Recueil périodique*, 1831, deuxième partie, pag. 123. *Confer. Répert.*, nouvelle édition, n°° 136 et suiv., et les arrêts cités.

ment être remis en nantissement. — Toutefois, les nombreux désavantages inhérents aux actes sous seing privé, les contestations fréquentes dont ils sont le sujet, sans parler des vérifications d'écritures, les chances que court le détenteur de les perdre ou de les égarer, recommandent vivement au créancier d'exiger que le caractère d'authenticité soit communiqué à ces actes, et d'obtenir ainsi une grosse du titre devenu authentique.

Il arrive bien souvent que les droits de la femme, nés après la célébration du mariage, ne sont établis par aucun titre écrit; dans tous ces cas, par la force même des choses, le procédé du nantissement ne pourrait pas être employé (1). Mais remarquons que cet obstacle pourra être facilement levé; en effet, dans le plus grand nombre de cas, c'est le mari ou ses héritiers qui sont intéressés au nantissement. Ils constateront donc les reprises de la femme par un acte, qu'il importe autant que possible, je viens de le dire, de rédiger en la forme authentique; car qui veut la fin veut les moyens, et le créancier pourra être immédiatement nanti.

Ainsi, le mari a reçu le prix des biens paraphernaux de sa femme; il a profité des deniers qui lui sont échus dans une succession, de l'émolument d'une donation qui lui a été faite; la femme s'est obligée solidairement avec lui, ce qui l'a rendu son débiteur en une indemnité (art. 1431 et 2135). Pourquoi se refuserait-il, lui ou ses héritiers, de reconnaître ces dettes, reprises ou indemnités?

(1) M. Troplong, *du Nantissement*, n° 278. Cassat., 11 juin 1846. Devilleneuve, 1846, I, 411. M. Dalloz, n° 142.

Quand la femme est devenue créancière de son mari dans les conditions de l'art. 1431, ou bien lorsqu'elle peut invoquer contre lui la présomption de l'art. 1450, § 2, que la jurisprudence étend avec raison à tous les régimes matrimoniaux (1), ou celle de l'art. 1569, une reconnaissance particulière sera nécessaire de la part du mari ou de ses héritiers; car, sans cela, comment le créancier pourrait-il être saisi d'une grosse du titre?

XLIII. En constatant et liquidant les créances et reprises de la femme, les parties ne devront pas oublier que cette constatation et cette liquidation pourront être un jour contestées par les autres créanciers. Il importera donc que les reprises de la femme y restent sévèrement maintenues dans leurs véritables limites, et qu'elles n'y soient nullement exagérées; en d'autres termes, il importe que ce règlement se fasse de bonne foi et sans fraude.

Le créancier qui acceptera ces créances en nantissement, toujours placé en présence de la règle *nemo plus juris in alium transferre potest quàm ipse habet*, est plus intéressé que tout autre à contrôler, pour prévenir des mécomptes ultérieurs, la manière dont les choses se sont passées sur ce point.

Je ferai observer ici que, pour éviter toute équivoque sur la saisine ou possession du créancier nanti (2076), possession qui ne doit être ni ambiguë ni incertaine, afin que les tiers ne puissent pas être induits en erreur (2), il conviendra que l'acte authentique, des-

______

(1) Voyez les diverses autorités citées, sur ce point, par M. Gilbert en son Code civil annoté, sur l'art. 1450, et la *Revue critique de jurisprudence*, livraison de mars et avril 1855, pag. 206 et suiv.

(2) M. Dalloz, *dict. loc.*, nº 209.

tiné à constater les droits et reprises de la femme, et dont la grosse sera remise au créancier, soit distinct de l'acte contenant l'emprunt consenti ou l'atermoiement accordé au mari ou à ses héritiers (1).

XLIV. Il ne faudra pas non plus perdre de vue que la loi accorde aux parties la faculté de choisir un tiers qui sera mis en possession du gage (art. 2076); ce sera donc à ce tiers, mandataire du créancier, que la grosse devra être remise.

Les parties seront intéressées à user de ce droit, soit lorsque le nantissement ne portera que sur une fraction de créance, soit lorsque la même créance sera par le même acte engagée au profit de plusieurs créanciers. Ce tiers sera le plus souvent le notaire qui retiendra l'acte de nantissement (2).

(1) M. Mourlon pose à cet égard la question suivante (pag. 572, note 2) · « Si la créance engagée a pour objet une succession légitime « échue à la femme pendant son mariage, faudra-t-il que la femme » remette à la fois une grosse ou expédition de son contrat de mariage et » un extrait de son acte de naissance qui est la preuve de son droit à la » succession. » Cette question complexe ne me paraît pas, je dois le dire, digne d'un esprit aussi sérieux que l'est celui de cet auteur. Il est manifeste, en effet, que la succession mobilière échue à la femme et remboursée par le mari constitue en sa faveur une créance tout-à-fait indépendante du contrat de mariage (art. 2135, § 3), et que dès-lors il suffira de remettre au gagiste une grosse de l'acte de partage constatant la perception faite par le mari des deniers héréditaires, ou bien la grosse de la reconnaissance faite par le mari en dehors de l'acte de partage. Quant à l'acte de naissance de la femme, il est plus manifeste encore que la remise au gagiste ne pourrait constituer qu'une opération tout-à-fait puérile.

(2) *Vide* M. Mourlon; pag. 576. — Un arrêt de la Cour de Bourges a jugé par appréciation des faits que la possession, de la part du notaire, de la grosse d'une créance affectée suffisait, en l'absence de toute stipu-

XLV. Mais ce n'est pas assez pour le créancier nanti d'avoir été mis en possession au moyen de la remise de la grosse, il faudra encore qu'il ait, par lui ou par le tiers convenu, conservé cette possession jusqu'au moment où le droit de gage se réalisera. La loi n'accorde en effet rigoureusement le privilége qu'au créancier mis et *resté* en possession (art. 2076), qu'au créancier *saisi* du gage (art. 2102, n° 2). Si le créancier ou le tiers dépositaire s'était *volontairement* dessaisi de la grosse pour des causes étrangères à l'exercice du droit de gage, il y aurait par cela même déchéance du privilége (1).

Telles sont les conditions constitutives du nantissement, conditions qui ne sont exigées que vis-à-vis des tiers, pour donner droit à un privilége; car, entre les parties, la validité du contrat de gage, réduite au droit de rétention, n'est soumise, en ce qui concerne ses effets, à l'observation d'aucune formalité extrinsèque, et reste régie par les principes du droit commun (2).

---

lation, pour que le notaire qui avait retenu l'acte de nantissement pût être considéré comme le tiers convenu dont parle l'art. 2076 (Dalloz, 1831, II, 125). Cette matière étant de droit étroit, il sera toujours prudent d'insérer une clause formelle à cet égard.

(1) M. Dalloz, n° 209, et M. Valette, *des priviléges et hypothèques*, *dicto loco*.

(2) M. Dalloz, n° 112.

SECTION II.

DES EFFETS DU NANTISSEMENT.

XLVI. Le nantissement étant légalement constitué, analysons rapidement les effets qu'il produira.

1º Par rapport au constituant et à ses créanciers, le gagiste est autorisé à retenir la créance en gage jusqu'au paiement intégral de sa créance en principal et accessoires (art. 2082).

2º Le créancier nanti pourra et devra, pour sa responsabilité, comme je l'ai dit, percevoir les intérêts; et lorsque la dette garantie sera devenue exigible, il en percevra aussi le capital.

Ce droit lui était formellement accordé par le droit romain (1), sous l'empire duquel le gage produisait l'effet, comme l'achat, comme la donation, de transférer de plein droit les actions utiles qui, sous notre droit, sont toutes transformées en actions directes ou ordinaires. Dans l'ancien droit, l'unanimité des jurisconsultes et des praticiens s'était prononcée en ce sens (2). Pourquoi en serait-il autrement sous l'empire du Code? Le contrat de gage n'a-t-il plus le même objet? Ne doit-il pas être aussi effectif qu'autrefois? La Cour de Bourges a, il est vrai, en méconnaissant toutes ces autorités et ces traditions, jugé, par un arrêt du

(1) *Vid.* notamment la constitut. 4, Cod., *quæ res pignor. obligar. poss.*, et le commentaire de Brunemann.

(2) *Vid.* notamment Olea, quest. IV, liv. IV, nº 36; il dit : *Omnes doctores et practici veniunt in hanc sententiam.*

5 juin 1852 (1), rendu après partage, que le créancier n'avait pas ce droit; mais cet arrêt est d'autant plus contraire aux principes, que, dans l'espèce, une clause formelle du contrat de nantissement autorisait le détenteur du gage à poursuivre le remboursement. La Cour a vu dans cette faculté une infraction à la règle de l'art. 2078 du Code Napoléon, d'après lequel toute clause qui autorise le créancier à s'approprier le gage est nulle. Cette décision n'est, selon moi, qu'une violation flagrante de l'art. 1134, portant que les conventions légalement formées tiennent lieu de loi entre les parties, et de l'art. 1239, car le constituant donne tacitement et virtuellement, par le contrat de gage, pouvoir au créancier de recevoir pour lui, quand la dette garantie est devenue exigible (2). Elle est, en outre, une fausse application de l'art. 2078 prohibitif du pacte commissoire; car le créancier était autorisé à demander le paiement *jure pignoris et non jure dominii*. D'un autre côté, conclure du droit d'exiger le paiement d'une créance au droit de propriété de cette créance, c'est tirer une conséquence qui est démentie par l'ensemble de la législation (art. 450 et 1428, § 2).

J'ignore si l'arrêt de Bourges a été déféré ou non à la censure de la Cour suprême; mais, en cas d'affirmative, il ne pourrait, à mon avis du moins, manquer d'être cassé, pour avoir refusé à un créancier gagiste, agissant en vertu d'une clause spéciale et surabondante

(1) Arrêt ci-dessus cité, note 2 de la pag. 92.
(2) Dans le cas contraire, le créancier devrait s'entendre avec le constituant pour disposer de la créance qui est remboursée par le débiteur du *nomen* engagé.

du contrat de nantissement, l'exercice d'un droit que le créancier tenait de la nature du contrat lui-même.

3° D'après l'art. 2078 que je viens de citer, le créancier peut, à défaut de paiement, faire ordonner en justice que le gage lui demeurera en paiement et jusqu'à due concurrence d'après une estimation faite par experts, ou qu'il sera vendu aux enchères. Cette disposition n'est faite que pour le gage des choses corporelles. Comment procédera-t-on, quand il s'agira du gage des choses incorporelles? Vendre aux enchères, c'est chose difficile ; le Code de procédure, à l'exception de la saisie des rentes constituées sur particuliers (art. 636 et suiv. *Jung.* la loi du 24 mai 1842), n'ayant pas organisé la vente des meubles incorporels (1). Ordonner une estimation faite par experts, ce serait admettre un procédé peu en harmonie avec la nature du gage des créances. J'estime donc que le juge devrait procéder dans ce cas à l'estimation sur le pied de laquelle le créancier nanti serait déclaré propriétaire (2), sans préjudice de l'exécution, vis-à-vis des tiers, des formalités prescrites par l'art. 1690. Ce qu'il importe le plus au constituant, c'est de rester protégé contre le pacte commissoire (art. 2078).

(1) Cette grave lacune a été signalée par M. Rivière, en son Mémoire couronné par l'Académie de législation de Toulouse en 1852, et portant pour titre : *Examen du régime de la propriété mobilière en France,* § 11, pag. 186 et suiv.

Un arrêt récent de la Cour de Paris (Devilleneuve et Carrette, 1855, II, 209) a jugé que le créancier, nanti de rentes sur l'Etat, était autorisé à faire vendre ces rentes à la bourse, afin d'exercer son privilége sur le prix.

(2) A moins qu'on ne préférât admettre que le texte ne s'applique pas au gage des créances ordinaires.

4° Par rapport aux tiers créanciers, le créancier nanti produira dans les ordres, en exerçant les droits de la femme (art. 1166 du Code Napoléon) restée propriétaire de la créance engagée (art. 2079 du même Code). — Il demandera donc que la femme soit colloquée dans l'ordre au rang de son hypothèque, et à être colloqué lui-même par privilége sur le montant de cette collocation, et ce ne sera pas le cas de procéder par la voie du sous-ordre dont parle l'art. 778 du Code de procédure civile.

5° Par rapport aux éventualités qui pourraient, du chef du constituant, frapper d'extinction totale ou partielle la chose engagée, le droit de gage constituant un droit réel ou absolu, *in rem* (2073-2095), et opérant la dessaisine du constituant, le créancier gagiste se trouve saisi d'un droit qui lui est définitivement acquis, semblable à celui du cessionnaire qui a rempli les formalités prescrites pour la saisine à l'égard des tiers (1690); il est donc à l'abri de toutes les éventualités dont il vient d'être parlé (1).

SECTION III.

PRÉCAUTIONS A PRENDRE PAR LE CRÉANCIER, AFIN QUE LE NANTISSEMENT SOIT EFFICACE.

XLVII. Ces précautions sont relatives au choix de la créance qui sera acceptée en nantissement, et à la publicité à donner au nantissement lui-même.

____

(1) Frag. 18, *ad princip. de pignor. action;* constitution IV, *quæ res pignori obligari possunt.* — Art. 1295, § 2; 1690 et 2076 Code Nap. analysés et combinés.

Pour faire un choix éclairé, le créancier devra successivement porter son attention sur la nature même de la créance, sur ses modalités, sur sa quotité, enfin sur la date à laquelle remonte l'hypothèque légale qui en est la sauvegarde.

1° De la nature même de la créance, objet du gage.

Cette créance est-elle ou non aliénable? Telle est la première question que doit se proposer le créancier (1). Ainsi, il refusera le nantissement d'une reprise dotale de la femme mariée sous le régime dotal, la jurisprudence ayant définitivement admis le principe de l'inaliénabilité de la dot mobilière (2).

XLVIII. Il ne faudrait pas toutefois conclure de la faculté d'aliéner les biens mobiliers dotaux, stipulée dans le contrat de mariage (art. 1557), à la faculté de les frapper d'un nantissement. On sait, en effet, qu'au milieu de longues et de vives controverses, la Cour de cassation a fait triompher, dans ses arrêts, cette interprétation, que le pouvoir de vendre et d'aliéner la dot immobilière n'emportait pas le pouvoir de l'hypothéquer (3). Or, le nantissement est à la dot mobilière ce que l'hypothèque est à la dot immobilière.

(1) On trouvera, sur ce point, de précieuses indications dans M. Bertauld, n⁰ˢ 35 et suiv.

(2) Cette jurisprudence était acceptée par tous les travaux législatifs sur la réforme hypothécaire, comme elle l'a été aussi par l'art. 9 du décret présidentiel du 28 février 1852 sur le crédit foncier. Vid. M. de Vatimesnil en son rapport, pag. 14, et M. Bertauld, n° 36.

(3) Voir les nombreux arrêts, en ce sens, cités par MM. Devilleneuve et Gilbert dans leur jurisprudence du dix-neuvième siècle, v° *dot.*, n° 491. La Cour persiste dans cette jurisprudence, comme on le voit par son arrêt du 13 décembre 1853, rapporté dans le *Recueil* de MM. Devilleneuve et Carrette, 1854, I, pag. 17 et suiv.

La femme qui pourrait subroger dans ce cas à son hypothèque légale ou céder son droit d'antériorité, ainsi que l'admet avec raison le dernier état de la jurisprudence (1), ne saurait donc soumettre au nantissement la créance dotale.

Mais elle aurait cette dernière faculté si la clause du contrat de mariage, plus large que la faculté d'aliéner, l'autorisait, par exemple, à faire toute espèce de traités ou d'arrangements au sujet de la dot (2).

2° La créance étant reconnue aliénable et susceptible de nantissement, l'examen devra porter sur ses modalités; est-elle pure et simple, exigible, conditionnelle, ou bien à terme? Produit-elle ou non des intérêts (3)? Ce sont là autant de points qui influent directement sur la consistance même du gage.

Les conditions auxquelles les reprises ou créances de la femme pourraient se trouver subordonnées méritent de nous arrêter un instant.

Ainsi s'il s'agit d'un gain de survie portant sur des biens présents et constituant une simple créance conditionnelle (art. 1168, 1179, 1180), n'ayant pas le caractère d'un droit héréditaire (791, 1130), et par cela même aliénable pendant le mariage, il pourra sans doute être

---

(1) Voir ces arrêts cités dans M. Gauthier, pag. 601, note 2, n° 570. *Junge* l'arrêt recueilli par MM. Devilleneuve et Carrette, 1851, II, 263.

(2) *Vide* l'arrêt de la Cour de cassation cité dans la note 3 de la page précédente.

(3) La créance de la femme peut être productive d'intérêts, quand il s'agit de biens paraphernaux (1576), ou bien encore lorsqu'il s'agit des reprises de la femme séparée de biens contractuellement ou judiciairement; les reprises dotales de la veuve en produisent de plein droit (1570, § 2, Code Nap.).

frappé d'un droit de gage; car la règle romaine qui autorisait d'affecter tout ce qui pouvait être acheté et vendu (1) est encore vraie; mais il sera rare qu'un créancier avisé s'en contente, *propter incertum eventûs conditionis.* Il en sera de même du préciput conventionnel de communauté (art. 1517). Toutefois l'âge avancé du mari ou l'état de maladie chronique dont il se trouverait atteint pourraient donner à ces sortes de créances éventuelles une assez grande valeur.

Les gains de survie de la femme déjà ouverts et résultant du contrat de mariage, constituant des *conventions matrimoniales*, protégés à ce titre par l'hypothèque légale (art. 2135, § 2, et 2195, § 1er), peuvent ne. porter que sur l'usufruit de biens mobiliers. Ils seront sans doute susceptibles d'être donnés en nantissement; mais la fragilité naturelle au droit d'usufruit (art. 617) fait que rarement aussi le créancier s'en contentera.

Le sort des droits ou reprises de la femme peut se trouver encore soumis à d'autres conditions; comme, par exemple, de la part de la femme mariée sous le régime de la communauté, à son acceptation de cette communauté ou à la renonciation qu'elle y fera. La femme a stipulé, par exemple, en cas de renonciation, une reprise de son apport franc et quitte (art. 1514), — ou bien un préciput conventionnel qui, sauf stipulation contraire, ne lui est dû que lorsqu'elle accepte la communauté (art. 1515). Dans le premier cas, si la femme accepte, dans le deuxième cas, si elle renonce, la reprise ou le gain de survie s'évanouissent, et le droit de nantissement croule ainsi par sa base.

(1) *Frag 9, § 1er, de pignor.*

Sans doute, dans la première hypothèse, le créancier nanti se protégera à la faveur des dispositions de l'article 1464 du Code Napoléon, contre une renonciation frauduleuse ; mais faut-il encore qu'il se préoccupe de l'éventualité d'un procès à soutenir à cet égard.

Dans la seconde hypothèse, qui est celle de l'acceptation, la question de savoir si le créancier pourra impétrer contre elle, est fort controversée ; en effet, tandis que quelques auteurs modernes (1) ont reproduit l'opinion de Pothier (2), qui se prononçait pour l'affirmative, M. Troplong (3) s'est prononcé dans le sens contraire, en ne considérant l'acceptation de la communauté que comme l'exercice d'une faculté purement personnelle à la femme, non susceptible d'être aliénée par elle pendant l'existence de la communauté. Cette dernière opinion a reçu la sanction de la Cour suprême par arrêt du 30 avril 1849 (4). J'avoue que j'incline d'autant plus à donner la préférence à la doctrine de Pothier, que l'esprit du Code est plus favorable à la généralisation de l'action Paulienne (1167) et plus restrictif des droits exclusivement attachés à la personne.

XLIX. Il est de principe incontestable qu'au nombre de ces droits personnels à la femme figure celui de demander la séparation de biens (art. 1446). Ceux qui accepteront en nantissement des créances dont le recouvrement ne peut avoir lieu qu'à la dissolution de la

(1) M. Marcadé, sur l'art. 1151.
(2) *De la communauté*, 250.
(3) *Du contrat de mariage*, n° 1498.
(4) Devilleneuve et Carrette, 1849, I, pag. 465. La doctrine de cet arrêt est combattue par M. Carrette (*ibidem*) ; mais elle est soutenue par M. Bertauld, n° 72.

communauté ne devront pas perdre de vue ce principe (1), soit qu'il s'agisse d'un nantissement constitué par une femme mariée sous le régime de la communauté (art. 1441), ou avec exclusion de la communauté (art. 1531), ou sous le régime dotal avec faculté d'aliéner et d'engager la dot mobilière (art. 1563).

3° Je passe aux observations que doit naturellement suggérer la quotité de la créance.

L. Si la femme ne donne en nantissement au créancier qu'une partie de créance, de deux choses l'une : ou bien la totalité de la créance sera affectée à divers créanciers dans le même acte, ou bien la femme n'en engagera qu'une partie.

Dans le premier cas, tous les créanciers nantis viendront par concours ; il leur sera loisible toutefois de stipuler un droit de priorité ou de préférence en faveur de l'un ou de plusieurs d'entre eux. Cela est reçu en matière de cession de créances (2), et je ne vois pas quel obstacle s'y opposerait en matière de nantissement, le grand principe de la liberté des conventions devant conserver ici toute son autorité (1134) (3). C'est qu'il ne s'agit pas d'attribuer par l'effet des conventions un rang à une créance, ce qui ne peut être que l'œuvre de la

---

(1) Cela n'empêche pas les créanciers que la femme a subrogés ou nantis, si un immeuble du mari vient à être exproprié ou aliéné volontairement, de produire, en dehors de toute séparation de biens, *par mesure conservatoire*, dans les ordres ouverts pour la distribution du prix, et de s'y faire colloquer au rang acquis à la femme (art. 1446, § 2) (*Vid.* M. Troplong, *des priviléges et hypothèques*, n° 610, et M. Bertauld, *dic. loc.*, n° 112).

(2) Grenier, *des priviléges et hypothèques*, pag. 127 ; M. Troplong, *ibidem*, n° 89 et 366. Cassat., 4 août 1817. Sirey, 1817, I, 373.

(3) Mourlon, pag. 576 et suiv.

loi (2093, 2094, 2115) et non des parties seulement ;
mais le rang de la créance restant le même, il s'agit
seulement d'établir l'ordre dans lequel les divers bénéficiaires ou participants en feront le partage entre eux,
ce qui est bien différent.

Lorsque la femme retient la propriété libre de la
portion de créance qu'elle n'affecte pas, il faut sous-
distinguer : si c'est la femme elle-même ou ses héritiers
qui se présentent en concours avec un créancier nanti
d'une partie aliquote, ils doivent être écartés par une
fin de non-recevoir. Cette proposition, incontestable
pour le cas où la femme a contracté une obligation personnelle à l'égard du créancier nanti, doit être admise
également dans le cas où il n'existe pas d'obligation
personnelle (2077). Elle résulte alors, selon moi, de
l'obligation contractée par le seul fait de la constitution
du gage, qui consiste, comme le disait Pothier, à faire
avoir *au créancier un droit de gage* (1). Sans doute, la
femme ne s'est pas, par ce seul fait, portée garant de
l'efficacité du gage, c'est-à-dire de la solvabilité du débiteur du *nomen* affecté ; le Parlement de Paris consacra
le principe par un arrêt que Brillon rapporte (2). Mais
autre chose est cette garantie, autre chose est s'abstenir
de porter par soi-même un trouble à l'exercice plein et
entier du droit de gage qu'on a constitué (art. 1628
analog.) (3). Que si la femme a cédé à d'autres ou frappé
d'un droit de gage en leur faveur le résidu de la créance,

(1) *Du Nantissement*, ch. III, n° 51.

(2) V° *gage*, arrêt Des Poncets.

(3) La question est très-controversée en matière de cessions partielles
d'une créance. M. Troplong, *des hypothèques*, n° 363, estime que le
cédant est non recevable à concourir avec son propre cessionnaire, par

il en serait bien autrement. Ses cessionnaires ou créanciers gagistes ultérieurs sont des ayant cause régis par le droit des tiers et non astreints aux obligations personnelles de la femme, l'engagement de celle-ci n'ayant accompagné ni la transmission de la propriété de la partie de créance cédée (1), ni le nantissement. — Ils viendront donc en concours, quelle que soit la date des notifications qu'ils auront faites, soit de leurs cessions, soit des actes constitutifs de nantissement; car il est de règle qu'une même créance forme un tout dont les diverses parties ont les mêmes droits, à quelque époque que ses démembrements aient eu lieu (2).

Ici ne s'appliquent pas les dispositions de l'art. 1690, qui ne sont faites que pour l'aliénation de créances *intégrales;* l'aliénation ou l'affectation de *parties aliquotes* d'une même créance, faites successivement et ne dépassant pas, quand elles sont additionnées, le chiffre total de la créance, se trouvent régies par l'art. 2112 du Code Napoléon qui doit s'appliquer, non-seulement aux

suite de la garantie qu'il doit de ses faits personnels (1628, Code Nap.).

D'autres, partant du principe que le cédant n'est garant que de l'existence de la créance cédée et non de la solvabilité du débiteur (1693, 1694), admettent ce concours. (*Vid.* M. Bertauld, n° 98. *Confer.* M. Mourlon, pag. 856 et suiv., et M. Duvergier, *de la vente des créances,* n° 262.

(1) M. Bertauld, n° 107.

(2) Dijon, 10 juillet 1848. Devilleneuve et Carrette, 1848, II, 610 et suiv.; Colmar, 27 mars 1852, *ibidem* 1851, II, 490. M. Bertauld, n° 107; M. Mourlon, pag. 875, 876. Je ne pense pas que l'art. 9 de la loi sur la transcription en matière hypothécaire ait changé cette doctrine, l'art. 9 n'étant fait, ses origines l'indiquent suffisamment, que pour les cessions d'une créance intégrale et non pour des cessions de parties aliquotes.

créances privilégiées pour lesquelles il a été édicté, mais encore aux créances hypothécaires (1).

LI. Le créancier doit donc, autant que possible, pour éviter ce concours, exiger qu'on lui affecte une créance entière. S'il se contente d'une fraction de créance, il devra prévoir le concours. Il y aura pourtant un moyen de le prévenir ; ce moyen le voici : Le créancier demandera une déclaration de la part de la femme, qu'elle crée un droit d'antériorité d'hypothèque en faveur de la partie de la créance qui est engagée ; cette clause particulière ne constituera pas un simple engagement personnel, mais elle réagira sur l'hypothèque légale elle-même ; et pour le résidu de la créance non affecté, cette hypothèque sera déclassée d'une manière relative.

Si ce résidu vient à être plus tard cédé à d'autres ou frappé en leur faveur d'un droit de gage, l'hypothèque du cessionnaire ou du nouveau créancier gagiste ne passera, d'après le déclassement opéré, qu'après l'hypothèque du premier créancier nanti. Par cette opération, qui se résume en une renonciation faite à l'hypothèque pour partie d'une créance, mais relativement à l'autre partie seulement, les diverses fractions de la même créance se trouveront avoir des rangs différents.

M. Mourlon attache le même effet à l'obligation personnelle de la femme contractée envers le premier créancier nanti (2); il voit dans cette obligation per-

_____

(1) M. Bertauld, nᵒ 103. J'estime avec lui qu'il faut se garder de confondre le rang qu'aura dans l'ordre la créance cédée et le rang des divers participants à cette créance utilement colloquée. L'art. 2112 ne règle que le second point et reste tout-à-fait étranger au premier, qui sera fixé d'après les principes généraux du titre des privilèges et hypothèques.

(2) Pag. 557 et suiv.

sonnelle, garantissant la solvabilité actuelle et future du mari, une *renonciation de la femme à son droit d'hypothèque*, et la transformation de son droit en une simple créance chirographaire par rapport au gage constitué.

Bien que l'appréciation des clauses de chaque acte puisse offrir des nuances délicates qui exercent sur la solution de ces questions une grande influence, on pourrait combattre cette doctrine, et prétendre que l'obligation personnelle de garantie ne détruit pas pour la femme la qualité de créancière hypothécaire; que seulement elle ne peut point personnellement l'exercer à l'encontre d'un créancier nanti; et que, par suite, si elle transmet plus tard la créance hypothécaire elle-même, le cessionnaire, qui n'est pas tenu des obligations personnelles de sa cédante, pourra faire colloquer cette créance à son rang primitif. Il sera donc prudent pour éviter des difficultés de cette nature, que la convention porte directement sur l'hypothèque elle-même, qu'elle la déclasse d'une manière relative; car l'hypothèque, une fois déclassée, le restant de la créance ne pourra être cédé à des tiers, comme je l'ai dit plus haut, qu'avec le nouveau rang qui lui a été fixé.

4° J'arrive, en terminant, aux observations sur la date à laquelle remonte l'hypothèque légale de la créance donnée en nantissement.

Ce point, on le comprend, est aussi du plus haut intérêt; il n'en est pas de plus important dans toute cette matière.

LII. On sait que, d'après la combinaison des art. 2121 et 2135 du Code Napoléon, l'hypothèque légale de la femme, attachée à des créances diverses, hétérogènes, formant un tout complexe, peut se trouver échelonnée à des dates plus ou moins éloignées. Si la femme donne en nantissement une créance ou reprise établie par le contrat de mariage et dont l'hypothèque remonte à la formation de l'association conjugale, le créancier doit avoir toute espèce de sécurité, puisque d'une part la remise de la grosse du contrat de mariage lui garantit que des droits semblables n'ont pas été conférés antérieurement à des tiers, et que d'autre part la disposition de la loi lui garantit qu'il n'a pas à redouter des hypothèques plus anciennes.

Toutes les fois donc qu'il s'agira des droits, apports reprises et conventions matrimoniales d'une veuve qui sont devenus aliénables et disponibles sans exception, ou des apports d'une femme mariée non constitués sous le régime dotal, le procédé du nantissement ne laissera rien à désirer.

Si le nantissement porte sur des créances, droits ou reprises non établis par le contrat de mariage et dont l'hypothèque par cela même ne remonte pas au jour du mariage (2135), alors le créancier, placé dans des conditions moins favorables, ou marchant sur un terrain moins sûr, devra s'étudier à obtenir pour gage des droits et reprises qui se rapprocheront le plus de la date dont il vient d'être parlé, et assurer à son privilége un rang utile, dans le cas où tous les biens du mari ne paraîtraient pas devoir suffire pour faire face au remboursement intégral des droits, reprises et conventions matrimoniales de la femme. Un exemple des plus simples fera toucher du doigt les conflits que pourrait engendrer l'espacement des hypothèques légales.

La femme offre en nantissement une reprise qu'elle a sur les biens de son mari résultant d'une vente que celui-ci a faite de ses biens paraphernaux en 1840, vente dont il a reçu le prix (1). Mais rien ne garantit à ce créancier, qu'en l'année 1835, la femme ne soit déjà devenue créancière avec hypothèque légale, le mari ayant perçu cette année les deniers faisant partie d'une succession qui lui est échue (2135, § 3). Qu'arrivera-t-il si, dans l'ordre ouvert pour la distribution du prix des biens du mari, la femme ou ses héritiers, ou bien des cessionnaires ou des créanciers nantis de la même créance font une production absorbant en tout ou en partie le prix à distribuer?

Exposons ici rapidement les principes.

Le droit romain nous offre à ce sujet des textes nombreux précisant les obligations que contracte la personne constituant le gage. Ainsi, Pomponius décidait que celui qui offrait en gage du cuivre pour de l'or, *æs pro auro*, sachant bien que c'était du cuivre, était tenu de l'action contraire du gage, et il le déclarait passible de l'action extraordinaire pour cause de stellionat. Ulpien confirme cette décision. — Ce dernier jurisconsulte soumet à la même action celui qui a engagé la chose appartenant à autrui ou antérieurement affectée en faveur d'un autre, et plus généralement celui qui agit malicieusement dans le contrat de gage, c'est-à-dire qui trompe sur la substance ou la qualité du gage. — Cette opinion était aussi celle de Marcellus et de Paul (2). Dumoulin, dans son commen-

---

(1) On sait que la jurisprudence qui accorde à la femme une hypothèque légale, indépendante de toute inscription, pour ses reprises paraphernales, est aujourd'hui constante.

(2) *Vid.*, pour ces décisions, les lois 1, 9, 16, 32 et 36 *de pigner. action.*

taire sur le titre du Code *de pigneratitia actione vel cont.*; Despeisses, en son *Traité du gage* (1) ; Pothier, dans ses *Pandectes* et dans son *Traité du nantissement*, reproduisent la même doctrine (2). Il n'est pas douteux qu'elle doive être suivie sous l'empire du Code (3); car ce qui est de la nature même des contrats, c'est-à-dire de la philosophie du droit proprement dite, ne change pas, à moins de dispositions contraires.

Le laconisme du Code a sans doute de grands avantages; mais il a le désavantage de la prétérition d'un grand nombre de doctrines, pour lesquelles il faut nécessairement recourir à l'ancien droit. Cela est vrai notamment pour le contrat de gage, ainsi que M. Maleville en faisait l'observation (4). Un fragment du discours prononcé par le tribun Gary devant le Corps législatif, lors de la discussion du titre *du nantissement*, ne permet pas de douter de la persistance des doctrines romaines. M. Gary disait en effet : « Le projet de
» loi ne parle pas du droit qu'a le créancier de se
» faire remettre un autre gage lorsque le débiteur,
» celui-ci étant même de bonne foi, remet à ce titre
» une chose qui ne lui appartient pas ou dont les vices
» annulent la valeur. Mais cela rentre dans les règles
» des obligations en général, et surtout des maximes

(1) Tom. I, pag. 140, n° 9.

(2) Chap. III. — *Vid.* aussi Rousseaud de Lacombe et Ferrières, *Dict. de prat.*, v° *gage*.

(3) A part, bien entendu, ce qui se réfère au stellionat restreint par notre droit, aux fraudes commises en matière de ventes d'immeubles ou en matière d'hypothèques qui ne peuvent être établies que sur des immeubles (art. 2039-2119).

(4) Tom. IV, sur le titre *du Nantissement, in fine.*

» d'équité naturelle dont elles ne sont que le dévelop-
» pement (1). »

Ces principes exposés, qu'en conclure pour la question proposée ? Je crois qu'il faut distinguer : si la femme a dissimulé l'existence d'une hypothèque légale dont les causes remontent au contrat de mariage, je n'admettrais pas l'action du créancier qui, pouvant facilement s'éclairer, surtout depuis la loi du 10-18 juillet 1850 (2), ne l'a pas voulu et a par là accepté, au moins tacitement, l'antériorité de ces hypothèques. Que s'il s'agit d'une hypothèque légale dont les causes ne remontent pas au contrat de mariage, j'inclinerais à rendre la femme responsable d'une dissimulation qui a trompé le créancier gagiste, dissimulation contre laquelle il lui était bien difficile de se défendre.

Cette solution est sans doute susceptible de rencontrer des dissentiments. On peut dire, en effet, dans l'opinion contraire, qu'en droit le constituant n'est pas garant de la solvabilité du débiteur dont la dette a été affectée ; qu'en fait la femme n'a pas promis cette solvabilité ; que, par suite, elle n'est pas obligée à la garantir ; on peut contester, en outre, qu'en réalité la femme se soit rendue coupable de dissimulation. Mais les raisons que l'on peut donner contre la femme me paraissent préférables ; car j'estime qu'au fond le créancier a été trompé par une réticence dolosive, plus condamnable encore qu'un mensonge, comme le disait Cujas (3) ;

(1) Fenet, tom. IX, pag. 917.

(2) Loi qui exige l'indication, dans l'acte de célébration du mariage, du notaire qui a retenu le contrat de mariage.

(3) Tom. VI, colonne 99. *Reticentiæ vafræ ac callidæ pœna major quàm mendacii* (Code Nap., 1611 1613 analog.).

que la femme est *in pignore malitiose versata*, pour me
servir des expressions d'Ulpien. Elle n'a pas sans doute
induit le créancier en erreur sur la substance du
gage; mais, dans un contrat que les Romains clas-
saient au nombre des contrats de bonne foi (1), elle l'a
trompé sur la qualité, ce qui produit les mêmes résultats. Quand le créancier romain recevait du cuivre pour
de l'or, on a vu qu'il avait l'*actio pigneratitia contraria*; mais, dans notre espèce, le créancier reçoit
bien moins, car une créance hypothécaire primée par
une hypothèque préférable n'est qu'un *vanum et inane
nomen*. Il faudrait donc déclarer la femme responsable,
par l'application de cette règle générale que posait
Dumoulin, extraite des lois romaines déjà citées :
*competit actio pigneratitia contraria, quando vel re ipsa,
vel ex proposito, creditor deceptus est in pignore* (2).

Néanmoins, pour prévenir ces difficultés (3), il sera
prudent de faire déclarer par la femme, dans le contrat constitutif de gage, qu'elle n'a pas de créances
d'une date antérieure.

Mais il n'en serait plus de même des cessionnaires
ultérieurs de ces créances ou de ceux qui en auraient
été ultérieurement nantis, et cela par des raisons que
nous avons précédemment exposées. Toutefois, il existe
un moyen qui a été aussi signalé, pour garantir le
créancier nanti contre des cessions ou nantissements
postérieurs portant sur des créances hypothécaires an-

---

(1) Instit., liv. IV, tit. VI, § 23.

(2) *Dict. loc. Junge* Duaren sur le titre des Pandectes, *de pignerat.
act. vel contra;* et Neguzantius, *de pignor. et hypothec.*, pag. 623 de
l'édition in-8°.

(3) *Vid.* M. Mourlon, n° 575.

térieures à la sienne. Ce moyen consistera à faire déclarer par la femme qu'elle entend que les créances et reprises qu'elle pourrait avoir, et qui remonteraient à une date antérieure, n'auront de rang qu'après celui qui est assuré à la créance qu'elle offre en nantissement. L'hypothèque, étant ainsi déclassée, ne pourra être transmise que *cum suâ causâ*, ou plutôt *cum suo ordine*, c'est-à-dire avec le nouveau rang qui lui a été assigné. Quant au cessionnaire ou au créancier nanti antérieurement, un nouveau créancier nanti de créances d'une date plus reculée n'a aucun moyen juridique pour se protéger contre son droit de priorité.

LIII. Toute l'attention de celui-ci doit donc se porter sur l'exploration de la situation particulière dans laquelle la femme se trouve placée vis-à-vis du mari, par rapport à l'ensemble de ses reprises. L'importance de celles qui seront affectées, comparée avec la fortune appréciable de la femme et du mari, le rapprochement de leur date avec celle du mariage, la représentation du bordereau de l'inscription de l'hypothèque légale de la femme (1) qui est présumée n'avoir omis la révélation d'aucun de ses droits, et l'absence au bureau de la conservation de toute mention de nantissements antérieurs en marge de cette inscription, quand les créanciers nantis ont tant d'intérêt à donner la publicité légale hypothécaire à leur droit de gage (2), toutes ces circonstances concourront bien souvent à donner aux créanciers de précieuses

______

(1) L'art. 8 de la loi du 23 mars 1855 sur la transcription hypothécaire, est destiné à rendre beaucoup plus fréquente l'inscription de l'hypothèque légale de la femme mariée.

(2) *Vide* le n° suivant.

garanties, d'autant que, dans beaucoup de cas aussi, le patrimoine du mari est suffisant pour faire face à tous les droits et créances de la femme.

LIV. Indépendamment de ces diverses précautions, le créancier gagiste devra s'empresser de faire mentionner son nantissement en marge de l'inscription de l'hypothèque légale (inscription qu'il aurait soin de requérir, si elle n'avait été déjà requise). Cette mention lui garantira qu'aucune purge, restriction ou main-levée d'hypothèques, plus généralement qu'aucun acte ou procédure au sujet de cette hypothèque, ne pourront être faits à son insu ou sans son concours. Il agira à ce sujet comme agissent tous les cessionnaires avisés (1).

J'ai épuisé la série des observations que m'a suggérées le procédé du nantissement appliqué aux créances et aux reprises de la femme mariée sur les biens du mari (2).

Que si on me reprochait d'avoir trop insisté sur des précisions qui tiennent, quelques-unes du moins, plus à la pratique qu'à la théorie, je répondrais que les jurisconsultes romains eux-mêmes accordèrent aux formules une importance toute particulière, que quelques-uns d'entre eux ont attaché leur nom à certaines de ces

(1) On sait que la jurisprudence et la doctrine autorisent les cessionnaires par acte sous seing privé, non-seulement à requérir les mentions dont il vient d'être parlé, mais encore à prendre ou à renouveler une inscription en leur nom personnel. Troplong, *des hypothèques*, tom. I, n° 364.

(2) Je ne crois pas que l'art. 9 de la loi sur la transcription hypothécaire soit applicable au contrat de nantissement, qui est distinct de la cession. Cette extension, qui amènerait d'utiles résultats, devrait, ce me semble, être décrétée par le législateur qui reprendra, un jour, la révision des lois hypothécaires.

formules (1). J'ajouterais avec un savant jurisconsulte d'Allemagne, « que la manière de traiter les affaires a, » dans beaucoup de cas, une influence décisive sur la » fortune, même sur la paix des familles; que le crédit » est le bien-être des citoyens; que cette branche de la » science est loin de mériter le superbe dédain qu'af- » fectent souvent pour elle des théoriciens trop exclu- » sifs (2). »

(1) Frag. 18, § 1, *de acceptilat.*, Institut., liv. III, tit. XIX, § 2.
(2) Falck, *Cours d'introduction générale à l'étude du Droit*, traduit et annoté par M. Pellat, § 187.

TROISIÈME PARTIE.

AVANTAGES DU NANTISSEMENT SUR LES MOYENS MIS ACTUELLEMENT EN PRATIQUE.

LV. Les inconvénients et les litiges qu'ont engendrés les moyens employés jusqu'à ce jour, proviennent la plupart de ce qu'on n'a pas donné aux conventions des parties leur véritable qualification, de ce que l'on a désigné sous le nom de cession, de renonciation ou de subrogation, un traité qui n'est, comme on l'a vu, en réalité, qu'une garantie donnée à titre de gage (1). De l'incorrection du langage est nécessairement née une immense confusion. Un illustre prélat a récemment, dans une grande solennité littéraire, mis en relief tous les abus, je voudrais pouvoir dire tous les désordres qui proviennent de l'impropriété des termes (2). Ces inconvénients sont encore plus graves quand il s'agit de la langue du droit et des affaires (3), qui doit ten-

(1) Ces idées tendent de plus en plus à se faire jour. *Vid.*, par exemple, les observations présentées par M. Gauthier, et confirmées par M. Devilleneuve, au sujet d'un arrêt récent de la Cour de cassation (Devilleneuve et Carrette, 1855, I, 103 et suiv., notes 1 et 2).

(2) Msr Dupanloup, évêque d'Orléans; *Discours* de réception à l'Académie française. — Novembre 1854.

(3) M. Coin-Delisle, *Revue critique de législation et de jurisprudence*, tom. IV, pag. 560 et suiv., (année 1854).

dre autant que possible à une rigueur mathématique. D'un autre côté, la simulation ou le mensonge, espèces de fraudes toujours fécondes en contestations, l'ont été ici plus particulièrement, à cause de l'absence de textes précis. Puis, il est d'autres vices du système qui ne peuvent s'expliquer que par l'insuffisance de nos lois en matière de transfert de choses incorporelles.

Le nantissement est destiné, on peut en juger maintenant par comparaison, à supprimer la plus grande partie des difficultés et à conjurer la plupart des périls dont la nomenclature précède. Pourquoi cela? Parce qu'il a le mérite d'appeler les choses par leur véritable nom, de faire ainsi cesser la confusion des langues, et de procéder en toute franchise et en toute sincérité, qualités qui sont d'aussi bon aloi dans la vie juridique que dans la vie morale.

Avec le procédé du cautionnement réel, désigné sous le faux nom de cession et de subrogation, on s'est trouvé placé sur un terrain toujours mouvant, parce qu'il est extra-légal. De là ces fluctuations incessantes de la pratique, errant à l'aventure sans boussole ni guide certain, vivant pour ainsi dire d'expédients et au jour le jour, elle qui, en matière de transactions hypothécaires, aspire autant que possible, pour plus de sécurité, à l'uniformité; essayant de tous les systèmes et n'en adoptant définitivement aucun, passant des subrogations expresses aux subrogations tacites, procédant tantôt par voie de cession de la créance, tantôt par voie de cession des hypothèques, donnant un jour la préférence à la cession pure et simple du rang, pour revenir le lendemain à la cession de la simple antériorité relative, trahissant toujours ses doutes et ses défiances à travers les précautions qu'elle accumule avec plus ou moins de discernement. Ces fluctuations, qui ont été si funestes au crédit, se sont naturellement réfléchies à travers les monuments de la jurisprudence et de la doctrine, à ce point qu'il n'est pas pour les praticiens, comme pour les jurisconsultes, de matière aujourd'hui plus confuse et méritant mieux qu'on dise d'elle ce qu'un auteur ancien disait de la subrogation en général : *materia difficillima et inextricata.*

Avec le nantissement vrai, au contraire, on marche dans une voie bien connue et largement tracée depuis longtemps par la main du législateur. De là découlent toutes les conséquences suivantes au profit, soit du créancier nanti, soit de l'épouse, soit du mari, soit des deux époux dans leurs rapports pécuniaires, soit enfin des tiers.

1° Au profit du créancier nanti, dont l'intérêt doit, en définitive, jouer ici le rôle principal.

Dans le système des cessions et subrogations, quelle est l'attitude ordinaire du créancier bénéficiaire de ces sortes d'actes, qui ont lieu ordinairement en bloc? Incertain au premier chef de la légalité de cette cession, au second de son efficacité, par suite des éventualités qui peuvent frapper d'une extinction partielle ou totale la créance de la cédante, ne sachant pas bien d'ailleurs s'il est cessionnaire de la créance ou de l'hypothèque, si on lui a transmis l'hypothèque ou seulement le bénéfice d'antériorité, il se trouve en général dépourvu de tout titre probant des droits de la femme. Il ne perçoit donc ni les intérêts (en quoi il peut engager sa responsabilité) ni le capital devenu exigible, ne se considère pas comme propriétaire de la créance cédée, ne songe pas davantage à se faire déclarer tel. Enfin, lorsque arrive le moment décisif, après avoir dormi dans une sécurité trompeuse, il se trouve dans le plus grand embarras pour justifier des droits de la cédante, sans préjudice des autres difficultés qu'il rencontre sur le fond même de sa cession ou de sa subrogation, et dont nous avons précédemment déroulé le tableau. En d'autres termes, le créancier n'a du droit de gage que l'illusion; et s'il y rencontre quelques réalités, ce ne peut être que celles des procès qu'il a à soutenir, des mécomptes et des déceptions qui l'attendent au bout de la lutte. S'il opte pour le nantissement, le créancier se trouve placé dans des conditions tout-à-fait différentes. Il peut posséder les réalités du droit de gage sans avoir à redouter, quand il a su être vigilant et circonspect, des inconvénients sérieux.

Armé de la grosse du titre, qui lui assure que d'autres n'ont pas été utilement nantis avant lui de la même créance, certain, d'ailleurs, par suite du droit réel ou absolu qui lui a été conféré, que les événements qui pourraient frapper la créance de la femme ne peuvent porter aucune atteinte à ses droits acquis, il exerce dans leur plénitude toutes les prérogatives que le gage lui attribue. Il perçoit les intérêts, au besoin le capital, se fait déclarer, le cas échéant, propriétaire de la créance affectée, et, au moment de la discussion du débiteur, il fait déclarer l'existence de son privilége, qui se dégage nettement, et sans contestation sérieuse possible, du milieu des conflits nombreux qui surgissent entre les autres créanciers hypothécaires ou chirographaires.

2º Au profit de la femme dont l'intérêt, pour être inférieur à celui du créancier, n'est pas moins digne d'être pris en grande considération.

On a vu ce qui se passe dans la pratique que je combats. On commence par faire obliger l'épouse solidairement avec le mari (1), obligation qui, d'un seul coup, peut compromettre toute sa fortune, et qu'on ne lui demanderait pas, comme le remarquait très-bien M. de Vatimesnil (2), si elle n'avait pas une hypothèque légale à céder. C'est là un des plus graves abus de cet ordre de choses qui oblige la femme à risquer ou à livrer tout son patrimoine pour en affecter utilement une partie, ce qui a transformé un moyen utile de crédit, et qu'il fallait réserver comme une ressource extrême, en un principe de ruine pour la femme et pour les enfants, car on l'a prodigué outre mesure, en l'appliquant à toutes sortes d'emprunts et de spéculations de la part du mari (3). Il a frappé tous les esprits; si bien, que plusieurs Cours d'appel et plusieurs Facultés de droit avaient demandé, comme on l'a vu, que la femme ne pût plus souscrire des obligations de cette nature qu'avec l'autorisation préalable du juge (4). Il en est tout autrement du nantissement qui peut être légalement constitué sans aucun engagement personnel de la part du constituant, soit en qualité de codébiteur

____

(1) Cette obligation est une clause de style dans toutes les formules notariales.

(2) Pag. 11 de son Rapport.

(3) M. Bresson en faisait l'observation, en 1811, dans un article sur la révision du régime hypothécaire, publié par la revue de M. Wolowsky; livraison du mois d'août 1811.

(4) Vid. suprà, pag. 73. Junge les observations contenues dans les articles de la *Gazette des Tribunaux* déjà cités.

solidaire, soit en qualité de caution (art. 2077). Je sais bien que la Faculté de droit de Strasbourg exprimait le vœu que la femme ne pût céder ses hypothèques sans contracter une obligation personnelle ; mais je ne saurais adhérer à l'opinion de ce corps savant (1), et j'aime mieux, comme le Code et comme le décret présidentiel du 22 février 1852 sur le crédit foncier, laisser la femme sous le régime du droit commun, du droit traditionnel de l'art. 2077. C'est bien assez que la femme ait à se défendre contre l'ascendant du mari, pour qu'on ne doive pas d'avance lui imposer des obligations exceptionnelles.

D'un autre côté, le gage devant être spécial et ne pouvant pas être constitué en bloc (art. 2074), on n'agira plus aveuglément. Si le créancier sait ce qu'il reçoit, la femme sait aussi ce qu'elle affecte et ce qu'elle retient. Ayant mieux la conscience des actes qu'elle fait, elle peut ainsi économiser ses ressources et faire d'utiles réserves pour l'avenir.

3º Au profit du mari, car il y a une espèce d'indivisibilité morale entre son crédit et celui de la femme (2).

4º Au profit des époux dans leurs rapports entre eux. En effet, la femme restant propriétaire des créances et des reprises qu'elle a engagées (art. 2079), ces créances ne seront éteintes par le fonctionnement du nantissement que jusqu'à concurrence des sommes que le créancier gagiste aura perçues, et il ne sera pas be-

(1) Je partage pleinement, sur ce point, l'opinion de M. Bertauld, nº 41 *in fine*.

(2) M. de Vatimesnil en son Rapport, pag. 87.

soin, pour que la femme puisse utiliser le résidu de ses droits, d'aucune espèce de rétrocession; les rapports des époux entre eux se trouveront donc réglés sans difficulté par les dispositions de l'art. 2028 du Code Napoléon, déterminant l'effet du cautionnement entre le débiteur et la caution.

5° Enfin, au profit des tiers qui n'ont pas à redouter les embûches que cachent si souvent pour eux les cessions ou renonciations en matière d'hypothèque légale; et par cela même le nantissement tourne à l'avantage du crédit public, car rien ne porte au crédit une plus rude atteinte que l'incertitude des opinions et des jugements (je l'ai déjà dit).

La Faculté de droit de Rennes (1), prenant en considération les embarras et les obscurités que jette dans les traités, aujourd'hui en usage, la variété des formules employées par les praticiens, formules dont les parties, et quelquefois les notaires eux-mêmes (je ne le dis qu'après la Faculté de droit de Caen) (2), ne comprennent pas toute la valeur, demandait que toutes ces formules fussent ramenées à un type unique. Ce but se trouve atteint par le nantissement légal.

Tel est l'ensemble de ses avantages sur les procédés qui sont aujourd'hui de mode.

Qu'on veuille bien remarquer que mon système se réduit tout entier à faire fonctionner une institution, ou plutôt une espèce de garantie réelle qui, dans ses formes comme dans ses effets, est réglée et organisée par la loi.

D'où pourraient donc venir les défiances ou les pré-

(1) Documents sur la réforme hypothécaire déjà cités.
(2) Id.

ventions? De la forme du nantissement lui-même, des conditions qu'il exige pour sa validité, de l'obligation qu'il impose de remettre les titres au créancier nanti? Mais cette quasi-tradition est bien moins gênante pour le constituant que la tradition matérielle des choses corporelles lorsqu'on les soumet au droit de gage. D'ailleurs, pour les créances ordinaires, le nantissement se pratique tous les jours sous nos yeux, et c'est avec raison, comme l'a fait remarquer M. Troplong (1), qu'on y a vu un moyen de crédit et que l'expérience a surmonté de vains scrupules.

Qu'on interroge les principales législations de l'Europe ou du Nouveau-Monde, et on reconnaîtra que le nantissement y a trouvé place (2). Il ne s'est sans doute introduit qu'assez tard dans notre ancienne jurisprudence française. Mais qu'importe? Si cette jurisprudence dédaigna pendant tant de temps les traditions que lui offrait le droit romain, c'est sans doute à cause du peu de consistance qu'offraient alors les valeurs mobilières. L'accroissement incessant de ces valeurs doit de nos jours amener des résultats tout-à-fait différents (3). La répugnance proviendrait-elle des droits d'enregistrement auxquels le nantissement est soumis? Mais le tarif n'en est certes pas assez élevé pour qu'il soit de nature à détourner ceux qui seraient disposés à y recourir (4).

<hr>

(1) *Du Nantissement*, n° 56. — *Vid.* aussi le président Favre, *Conject.* VIII, XV et XVI.

(2) M. de Saint-Joseph, *Concordance des codes.* M. Dalloz, *du Nantissement ; Droit comparé*, n°s 32 et suiv.

(3) M. Dalloz, *dict. loc.*, n° 29.

(4) D'après la loi de frimaire an VII et les errements de la jurisprudence, le droit est de 50 cent. p. 100.

Le nantissement légal des créances ou reprises de la femme mariée a été sans doute fort peu fréquent jusqu'ici; pourquoi cela? Parce que la femme n'a pas le plus souvent de titre écrit constatant ses droits ou ses reprises. On a vu combien il était aisé d'aplanir cet obstacle.

Vous allez, me dira-t-on, par ce moyen provoquer des reconnaissances frauduleuses et mensongères. La femme et le mari ne manqueront pas de se concerter pour exagérer les droits de celle-ci, et les créanciers gagistes seront infailliblement trompés.

Je réponds que cette fraude est possible dans toutes les situations, que cet inconvénient est à redouter également dans la cession et dans la subrogation, et que la loi nouvelle sur la transcription n'en préserve certainement pas, cette loi assurant la publicité et non la sincérité des actes.

Dira-t-on encore que la remise de la première grosse des actes, ou de la première expédition exécutoire des jugements n'offrira aux créanciers gagistes aucune sécurité, les notaires et les greffiers pouvant en délivrer d'autres avec la permission du président du tribunal et avec les formalités et les conditions requises (844-854 Code de Proc.) ; — mais cette objection serait dirigée moins contre le nantissement que contre l'ensemble de notre législation. Le créancier auquel on remettra une grosse expédiée sans permission du président devra être pleinement rassuré. Si on offrait de lui remettre une seconde grosse expédiée d'après l'autorisation de ce magistrat, il se montrerait plus difficile dans l'acceptation. Averti par là des dangers qu'il peut courir, il examinerait de plus près; il ne se déciderait à accorder du crédit que sur une explication plausible et justifiée des causes qui ont provoqué la délivrance de la première grosse et empêchent sa représentation.

Les mêmes observations s'appliquent au cas où la seconde grosse aurait été délivrée par le notaire ou par le greffier sans autorisation du président, mais avec le consentement du débiteur, ce consentement dispensant (d'après l'opinion généralement reçue) de l'intervention du magistrat (1).

Cette situation peut d'ailleurs se présenter pour le nantissement des créances ordinaires.

Enfin, dirait-on à l'encontre du nantissement : deux époux intéressés à obtenir du crédit à tout prix se présenteront successivement devant plusieurs notaires ; là ils feront des reconnaissances multiples, et remettront la première grosse de ces reconnaissances à des créanciers divers qui se trouveront ainsi trompés. Cela n'est pas impossible, j'en conviens ; mais il est des fraudes que la loi ne peut empêcher. Ces fraudes, qui ne seraient d'ailleurs praticables, ni pour le nantissement appliqué aux reprises établies dans le contrat de mariage, ni à celles qui sont constatées par des décisions judiciaires, pourraient être commises tous les jours en matière de cession, et pourtant on en citerait à peine quelques exemples. Ce qu'on voit fort souvent, c'est un cédant, quand il n'est pas astreint à remettre la grosse du titre, faire plusieurs cessions successives dépassant de beaucoup le chiffre de la créance ; cela s'est vu aussi de la part d'époux

(1) M. Colmet-Daage, *Leçons sur le Code de procédure civile*, n° 512, pag. 532.

obérés ; mais de la fraude extraordinaire dont j'ai parlé, on en citerait bien peu d'espèces, et cela se comprend très-bien lorsqu'on songe que des actes de cette nature caractériseraient des manœuvres frauduleuses, constituant le délit d'escroquerie prévu et puni par l'art. 405 du Code pénal. Or, il est de principe qu'on est suffisamment protégé contre un dol qui tombe sous les coups de la loi pénale.

Je ne prétends pas d'ailleurs, tant s'en faut, que le nantissement puisse être appliqué indistinctement, sans une grande prudence, sans le discernement qu'exigent des traités délicats par leur nature ; mais employé avec mesure et intelligence, il est destiné, ce me semble, au moins dans un très-grand nombre de cas, à produire d'heureux résultats.

Qu'on n'oublie pas que la jurisprudence de la Cour de cassation fixant la qualité en laquelle la femme mariée sous le régime de la communauté prélève ses droits et reprises, rend, pour ainsi dire, le système des cessions et des subrogations désormais impraticable de la part des femmes mariées sous ce régime, tandis que cette jurisprudence est loin d'atteindre aussi directement le nantissement de leurs créances et reprises.

Qu'on n'oublie pas encore : 1° que la légalité de la cession de l'hypothèque faite indépendamment de la créance, surtout quand il s'agit de l'hypothèque légale de la femme mariée, a contre elle l'opinion du Conseil d'Etat de 1850 et de l'Assemblée législative, opinion qui, dans des questions de pur droit civil, n'ayant aucune couleur politique, doit être d'un poids immense ; 2° que si la jurisprudence de la Cour de cassation prive de tout effet sérieux les simples cessions d'antériorité, en exigeant que le cessionnaire prouve au moment de l'ordre la survivance de la créance de la femme, la Cour d'Orléans proclame de son côté, avec l'autorité de l'ancien droit, les dangers que présente, par le même côté, la cession de l'hypothèque elle-même, et l'on reconnaîtra alors combien il est urgent de recourir à d'autres expédients.

Deux principes ont, en cette matière, surnagé au milieu de toutes les discussions récentes sur la réforme hypothécaire, à savoir: l'un, qu'il était impossible de faire retour au sénatus-consulte Velléien, et de retirer à la femme l'aptitude juridique que le droit moderne lui a reconnue (1); l'autre, qu'il fallait, autant que possible, empêcher les abus de son droit de disposer de ses créances sur son mari. Le système qui conciliera le mieux dans la pratique ces intérêts divers sera le plus favorable au crédit comme à l'intérêt des familles. J'estime, tout balancé, que ce système, même sous le régime de la loi sur la transcription, est celui du nantissement légal.

(1) Rapport de M. Persil au nom de la commission instituée par le président de la République, pag. 92. — *Vid. aussi M. Alban d'Hauthuille, Révision du régime hypothécaire.*

FIN.

TABLE SOMMAIRE

DES MATIÈRES CONTENUES DANS LA MONOGRAPHIE.

APPENDICE A LA PREMIÈRE PARTIE.

DEUXIÈME PARTIE.

TROISIÈME PARTIE.

FIN DE LA TABLE.

TOULOUSE, IMP. DE A. CHAUVIN, RUE MIREPOIX, 3.

OUVRAGES DU MÊME AUTEUR

SUR LE DROIT FRANÇAIS.

TRAITÉ DES JUSTICES DE PAIX ET DES TRIBUNAUX CIVILS DE PREMIÈRE INSTANCE,
   2 vol. in-8°.
DE L'ILLÉGALITÉ DE L'ADOPTION DE L'ENFANT NATUREL. 1 vol. in-8°.
DE LA QUOTITÉ DISPONIBLE ENTRE ÉPOUX. 1 vol. in-8°.
DE L'EMPLOI ET DU REMPLOI DE LA DOT. 1 vol. in-8°.
DU DROIT DE PRÉFÉRENCE EN MATIÈRE DE PURGE DES HYPOTHÈQUES LÉGALES,
   1 vol. in-8°.

(Se trouvent, à Toulouse, à la LIBRAIRIE CENTRALE, rue Saint-Rome, 46, et
   à Paris, chez DURAND et COTILLON, libraires, rue des Grès-Sorbonne.)

www.ingramcontent.com/pod-product-compliance
Lightning Source LLC
LaVergne TN
LVHW050619060726
842527LV00004B/1109